기후변화,
인류의 생존을 위협하다

지구 온난화의 영향으로 2023년은 12만 5000년 만에 가장 더운 해로 기록될 예정이다. 2023년 7월 지구 평균 기온이 역대 최고 온도인 17.18도를 기록했다(미국 국립해양대기관리국 발표). 세계기상기구(WMO)는 엘니뇨가 다시 발생하면서 기록은 깨질 것으로 예측했다. 2023년 6월 유럽연합(EU)의 기후변화 감시기구 코페르니쿠스(C3S)는 지구 표면의 대기 온도가 사상 처음으로 산업화 이전보다 1.5도를 초과했다고 발표했다. 1.5도는 2015년 파리협약의 권고 목표치로 인류의 첫번째 마지노선

이이다. 1.5도를 초과하면 기후변화에 대한 재앙이 본격적으로 시작되는 것을 의미한다.

2024년 1월 한 신문은 "심화하는 기후 위기 '남극 해빙 이례적…최소 두께"라는 제목의 기사를 보도했다. 남극에 있는 한국의 장보고 과학기지에서 2023년 해빙(Sea Ice, 바다 얼음) 면적이 역대 최소를 기록했다고 설명했다. 그만큼 기후 이상이 심각하여서 연구진 역시 놀랬다.

이러한 기후변화는 인류에게 큰 재앙을 가져올 것이다. 해수면이 낮은 나라들은 국토가 바닷속에 잠길 것이고, 극도의 더위와 추위가 번갈아 나타나며 홍수와 가뭄이 빈번할 것이다. 이에 따라 식량 문제도 심각해질 것이다. 현재에도 지구에 사는 인류 중 8억 명이 영양실조 상태이고 5초에 한 명씩 굶어 죽고 있다고 주장하는 학자도 있다. 기후변화에 따라 수십억 명이 굶고 식량 문제로 국가 간 갈등도 깊어질 것이다.

기후변화의 원인은 인류의 무분별한 행동으로 정상적 흐름을 막고 지구 생태계의 균형이 흔들려서 발생한 부분이 크다. 화석연료의 사용으로 인한 탄소의 증가와 지구에 맑은 공기를 공급하는 숲의 감소, 쓰레기로 오염되는 해양 등 복잡한 양상으로 피해가 발생하고 있다. 인류가 지각하지 못하고 하는 행동이 기후에 변화를 주고 이러한 기후변화는 인류에게 다시 태풍, 폭염, 폭우, 가뭄 등 재앙으로 돌아온다.

텍사스 A&M 대학의 기후과학자 앤드류 데슬러는 "인류는 올해 여름을 인생 중 가장 시원한 여름으로 기억할 것"이라며 "인류가 온실가스 배출을 멈추지 않기 때문"이라고 지적했다. 더 늦기 전에 인류는 기후변화에 적극적으로 대응책을 찾아야 한다.

지구 곳곳에서 이상 신호가 나타나고 있다. 기후변화의 문제를 해결하기 위해서는 시스템 사고가 필요하다. 기후변화가 어떻게 작동되는지에 대한 복잡한 시스템을 이해해야 한다. 각 교육기관, 공공기관, 기업 등에서 기후변화의 심각성에 따른 영향에 대해 고민하고 해결하고자 하는 프로그램을 가져야 한다. 전 국민 모두가 이해하고 발 벗고 나서야 한다.

 최근 기후변화에 대한 인식이 넓어지고 관련 정책도 만들어지고 있다. 사회적으로 기후변화에 대한 적극적 대응 활동이 활발해지고 있다. 이 책이 이러한 활동에 도움이 될 것이라 믿는다.

2024년 1월
한국어판 편집자

명사들의 찬사

"나는 수십 개 국가에서 강의하고 컨설팅하면서 사람들에게 수용 능력(carrying capacity) 개념과 지역 사회에 어떻게 적용할 수 있는지를 알려주었다. 종종 내가 진행한 워크숍이나 내 강의안에 '시스템사고와 함께하는 기후변화 플레이북'의 내용을 활용했는데 이 책은 보물 창고다. 이 책은 대중 활동가나 정책 제안자들이 관련된 사람들을 끌어들이고 학습을 촉진하려고 할 때 사용하면 좋을 현실적인 도구로 가득 차 있다."

- 매티스 웩커나젤,
Global Footprint Network 설립자 겸 CEO

"다른 지구상의 문제와 마찬가지로 기후 변화는 시스템 문제다. 거미줄처럼 연결된 문제여서 전통적인 선형 사고로는 분석하기 어렵다. '시스템사고와 함께하는 기후변화 플레이북'은 게임 책답게 재미있으면서 시스템사고를 비선형적이고 비언어적인 방법으로 알려주고 있다. 즉, 관계, 패턴, 맥락 등을 동원한다. 시스템사고를 처음 접하는 사람에게 적극적으로 추천한다."

- 프리초프 카프라,
The Web of Life 저자, The Systems View of Life 공동 저자

"기후 변화 위기를 해결하는 것을 가로막는 가장 큰 장애는 기후 시스템과 복잡계 시스템의 일반적인 특징에 대한 무지다. '시스템사고와 함께하는 기후변화 플레이북'은 이런 장애를 극복할 수 있는 새로운 접근을 보여줬다. 그 비법은 기후 변화 위기를 추상적인 위기가 아니라 오늘 우리가 할 수 있고, 행동해야 하는 현실로 받아들이도록 게임을 활용해서 명백하고 현실감 넘치는 창의적인 방법으로 사람들을 참여시킨다는 것이다."

- 애셔 밀러, Post Carbon Institute 전무이사

"현재 환경 학자로서 과거에 UN 산하의 'University of Peace'와 'International Union for Conservation of Nature'를 이끌었던 사람으로서, 나의 최대 관심사는 항상 사람들에게 환경 문제에서 원인과 결과 관계를 이해시키는 것이다. 이 책의 저자들은 복잡한 문제를 간단한 게임으로 설명하는 데에 대가들이다. 그리고 이 책은 그들이 다뤘던 것 중에서 가장 좋은 게임들로 가득 차 있다."

― 줄리아 마턴 레페브라,
예일 대학교 Forestry and Environmental Studies 교수, IUCN 전임 사무총장

"기후 변화보다 더 중요하고 많이 논의된 주제도 없지만, 사람들이 이처럼 제대로 이해하지 못하는 주제도 없다. 기후 변화는 복잡하게 연결된 상쇄 효과가 있다는 점과 선택 문제라는 점을 주목해야 하는데 사람들이 잘 몰라서 외면하고 있다. 이것을 이해시키고 상식처럼 받아들일 수 있도록 하려면 단순하면서 직관적인 통찰을 주는 방법이 있어야 하는데 안타깝게도 눈 씻고 찾아봐도 쉽게 발견할 수 없다. 하지만, 고맙게도 '시스템사고와 함께하는 기후변화 플레이북'은 이런 통찰과 깨달음을 줄 수 있고 더 중요하게는 다른 사람들에게도 같은 통찰과 깨달음을 줄 수 있다."

― 피터 센게,
MIT 교수, Academy for Systemic Change 설립자, '학습하는 조직' 저자

"많은 이들이 기후 변화는 너무 큰 문제이고 우리 통제 범위를 지났다고 생각해서 어디서부터 문제를 해결해야 할지 모른다. 하지만, '시스템사고와 함께하는 기후변화 플레이북'은 그 해결책을 제시한다. 이 책이 다루고 있는 22개의 게임은 손에 잡힐 듯 구체적이고 명백해서 우리 자신에게 동기부여를 주는 것뿐만 아니라 주위 사람을 쉽게 동참하게 만드는 도구다. 만일, 경험이 최고의 선생이라고 믿고 주어진 시간이 얼마 없는데 지구에 있는 모든 사람에게 매우 심각하게 영향을 미칠 기후 변화를 막기 위해 뭔가 해야 한다면 이 책을 읽는 일이야 말로 값으로 따질 수 없는 소중한 자산이 될 것이다."

― 데이비드 피터 스트로,
Systems Thinking for Social Change 저자

"나는 일본에서 교육 프로그램을 통해 정부 관료와 기업 임원 수천 명에게 환경, 기후, 식량, 에너지를 둘러싼 원리를 알려왔다. 나는 '시스템사고와 함께하는 기후변화 플레이북'의 열렬한 팬이다. 여기에서 소개한 게임들은 쉽게 배울 수 있고 빨리 활용할 수 있다. 이 게임들은 놀랄 만큼 효과적인 교수법이라고 할 수 있는데 영어가 모국어가 아닌 참가자들도 잘 따라 하고 기대한 결과를 만든다."

– 리치로 오다,
Change Agent Inc. CEO

"기후 변화와 같이 어려운 주제를 어떻게 학습할 수 있을까? 연구에 따르면 기후변화에 대한 연구 결과물을 보여주는 것은 효과가 없다. 학습하기 위해서는 상호작용, 체험, 그리고 놀이가 효과적이다. '시스템사고와 함께하는 기후변화 플레이북'은 다양한 게임을 통해서 학습을 도와준다. 나이와 규모와 상관없이 게임을 통해 어려운 주제에 대해 중요한 교훈을 배울 수 있다. 그리고 뭐니 뭐니 해도 재미로 가득 차 있다."

– 존 스터만,
MIT 슬론 스쿨 교수, Business Dynamics 저자

"강의에서 언급한 교훈을 게임으로 예를 들면 항상 효과를 봤다. 사람들은 수가 많건 적건 열심히 게임에 참여하고 교훈을 잘 기억한다. '시스템사고와 함께하는 기후변화 플레이북'이 다루는 게임들의 최대 장점은 단순하고 유연하다는 것이다. 초등학생, 대학 교수, 정치인, 기업가 모두 사용할 수 있다. 이 게임을 하고 나면 단지 몇 문장으로 게임을 정리할 수도 있고 활발한 토론으로 마감할 수 있다. 나는 게임을 사랑하게 되었다. '시스템사고와 함께하는 기후변화 플레이북'은 다양한 목적에 맞는 새로운 게임에 영감을 줬다. 중요한 교훈을 전파하려면 게임을 활용해야 한다!"

– 헬가 크롬프 콜브,
오스트리아 비엔나 소재 University of Natural Resources and Life Science
부속 Center for Global Change and Sustainability 소장, 교수

시스템사고와 함께하는
기후변화 플레이북

THE CLIMATE CHANGE PLAYBOOK
by Dennis L. Meadows, Linda Booth Sweeney and Gillian Martin Mehers
Copyright ⓒ 2016 by Linda Booth Sweeney
THE INSTITUATE FOR BUSINESS PLATFORM edition published by arrangement with
Chelsea Green Publishing Co, White River Junction, VT, USA www.chelseagreen.com
All rights reserved.

This Korean edition was published by The Institute for Business Platform in 2019 by arrangement with Chelsea Green Publishing Co, White River Junction, VT, USA www.chelseagreen.com through KCC(Korea Copyright Center Inc.), Seoul.

이 책은 (주)한국저작권센터(KCC)를 통한 저작권자와의 독점계약으로
비즈니스플랫폼연구소(지식플랫폼)에서 출간되었습니다.
저작권법에 의해 한국 내에서 보호를 받는 저작물이므로 무단전재와 복제를 금합니다.

시스템사고와 함께하는
기후변화 플레이북

2판

데니스 메도즈, 린다 부스 스위니, 질리안 마틴 메허스 지음
정창권 옮김

지식플랫폼

시스템사고와 함께하는
기후변화 플레이북

데니스 메도즈

린다 부스 스위니

질리안 마틴 메허스

정창권 (옮김)

저자들의 대표 저서

데니스 메도즈

「The Systems Thinking Playbook」 (린다 부스 스위니 공저)
「성장의 한계-30년 업데이트」 (도넬라 메도즈, 요르겐 렌더스 공저)

린다 부스 스위니

「The Systems Thinking Playbook」 (데니스 메도즈 공저)
「When a Butterfly Sneezes」
「Connected Wisdom: Living Stories about Living Systems」

질리안 마틴 메허스

「Achieving Environmental Objectives」 (수사나 칼보 공동 편집)

목 차

저자 서문 13
사용 설명서 16
당부의 말씀 24

1. 팔짱 끼기 게임 27
상황이 바뀌면 습관을 바꿔야 한다.

2. 훌라후프 착륙 게임 35
숨겨진 규칙을 이해해야 한다. 그 규칙이 우리가 원했거나 예상했던 것과 전혀 다른 결과를 만들 수 있기 때문이다.

3. 종이 막대 균형 잡기 게임 46
단기적인 생각으로 장기적인 목표를 이룰 수 없다.

4. 욕조 게임 55
욕조 수위를 낮추려면 들어오는 물보다 나가는 물이 많아야만 한다.

5. 생물 다양성 게임 67
하나를 변화시키면 하나만 변하지 않는다.

6. 머리 위로 원 그리기 게임 74
복잡한 시스템에서는 관점이 행동에 영향을 미친다.

7. 프레임 게임 82
동의를 얻으려면 어떤 생각의 틀을 쓰고 있는지 정확히 알아야 한다.

8. 집단 저글링 게임   96

겉보기에 작은 문제 하나 추가된 것 때문에 전체 시스템이 붕괴될 수 있다.

9. 암호 풀기 게임   107

복잡한 상황을 이해하려면 눈에 보이는 모습에만 신경을 쓰면 안 된다.

10. 고기잡이 게임   114

시간을 길게 놓고 보면 경쟁할 때보다 협력할 때 더 많은 것을 얻는 경우가 많다.

11. 과녁 맞히기 게임   127

인지와 행동 사이에 시간 지연 효과가 커질수록 목표를 달성하려는 노력은 과도한 교정행동을 만들 수 있다.

12. 살아 움직이는 피드백 게임   137

애써 목표를 달성하려는 것보다 목표를 달성시키는 구조를 만드는 것이 더 쉽다.

13. 종이접기 게임   153

지수 성장을 한다면, 아무리 작은 변화에도 빠른 속도로 엄청난 수로 커진다.

14. 종이 찢기 게임   162

일방향 소통은 상호작용보다 훨씬 비효과적이다.

15. 볼펜 게임   170

지속 가능성은 기술보다 문화와 태도에 달렸다.

16. 생존 게임　176
상자 밖 사고는 상생 해결책을 만들 수 있다.

17. 사각형 만들기 게임　189
목표를 공유해야 협력 효과가 나온다.

18. 손가락 씨름 게임　198
인생은 제로섬 게임이 아니다.

19. 이등변 삼각형 게임　206
큰 변화를 원한다면 지렛대 효과가 큰 것을 찾아야 한다.

20. 저글링 도전 게임　215
조금씩 바꾸면 결국 개선이 된다. 하지만, 구조를 바꾸면 완전 다른 모습이 된다.

21. 실타래 거미집 게임　223
시스템을 잘 이해하려면 상호 연결성을 보이게 해야 한다.

22. 1-2-3 박수 게임　232
말보다 행동이 더 중요하다.

지은이 소개　239
옮긴이 글　241
옮긴이 소개　253

저자 서문

증가하는 온실가스는 기후 변화를 촉진한다. 이 기후 변화는 사람을 포함한 지구 생명체가 지속 가능하게 살 수 있는 지구의 수용 능력을 파괴할 잠재력을 가지고 있다. 이 위험에 대한 염려는 커지고 있지만, 매년 온실가스 배출량은 모든 나라에서 증가하고 있다. 교토 의정서 서명 국가에서도 증가하고 있고, 참여하지 않은 나라에서도 증가하고 있다.

기후 변화 문제가 경제 성장률을 낮출 때가 되면 온실가스 배출량은 다소 감소할지 모른다. 그리고 에너지 집약 제품을 수입하는 나라에서는 온실가스 배출량이 줄어들지 모른다. 하지만, 이산화탄소를 이 나라에서 저 나라로 옮기는 것은 전 세계 이산화탄소를 낮추는 것과는 관계없다. 온실가스 배출량 총량은 여전히 증가하고 있다.

온실가스 때문에 기후 변화에 대한 염려는 유례없이 커지는데 온실가스 배출량은 증가하고 있다. 어떻게 이런 일이 가능할까? 이 역설을 설명할 수 있는 몇 가지 기술적인 이유를 찾을 수 있지만, 이 책에서는 다루지 않았다. 대신, 한 가지 중요한 이유에 집중했다. 사람들은 기후 시스템의 특징을 모른다는 것이다. 기후 시스템이 어떻게 작동하는지 명확하게 모르기 때문에 사람들은 실수를 저지르고 때로는 그 실수가 심각한 결과를 낳게 된다. 예를 들어 사람들은 기후 변화가 인류 사회에 심각한 위협이 된다면 변화를 일으켜서 재앙을 피할 수 있을 것으로 생각한다. 하지만, 그 때는 너무 늦은 시기가 될 것이다. 사람들은 현재 익숙한 패러다임과 정책으로 해결책을 찾을 수 있다고 생각한다. 하지만, 지금까지의 방식 때문에 피해가 생겼는데, 익숙한 해결 방식으로 접근하면 미래에 더 큰 피해를 초래할 것이다. 사람들은 행동의 나쁜 결과를 가까운 시간에 가까운 장소에서 찾으려고 한다. 따라서, 가까운 시간과 가까운 장소에서 나쁜 결과가 나타나지 않으면 문제없다고 생각한다. 하지만, 복잡한 시스템에서는 나쁜 결과는 다른 장소에서 나중에 나타나기 마련이다. 과학자들이 아무리 경고해도 사람들 사고방식과 행동 방식에 깔려 있는 전제를 바꾸지 못했다. 왜냐하면 경고와 호소만으로는 학습을 일으키지 못하기 때문이다. 옛말이 틀리지 않는다.

내가 들으면 잊어버린다.
내가 보면 기억한다.
내가 하면 이해한다.

참가자들은 단순히 '게임' 또는 '전략 게임'이라고 부르는 간단한 상호 작용 활동을 하면서 몸으로 학습한다. '시스템사고와 함께하는 기후변화 플레이북'은 22개의 게임으로 이뤄졌다. 이 게임은 기후 변화의 피해와 구조를 이해하고 싶은 사람에게 도움이 될 것이다.

이 책은 1995년에 출간한 '시스템사고 게임 The Systems Thinking

Playbook'을 수정한 것이다. 18개 게임을 '시스템사고 게임'에서 가지고 왔고 4개의 게임을 추가했다. 게임 해설은 특별히 기후 변화의 구조와 결과를 이해할 수 있도록 설계하였다.

사용 설명서

이 책은 전문가, 기후 변화 활동가, 교육자가 기후 변화를 좀 더 효과적으로 설명할 수 있도록 만들어졌다. 이 게임을 잘 활용하면 기후 변화와 같이 복잡한 주제에 대한 각종 워크숍, 연설, 대화를 좀 더 생산적으로 만들어 줄 수 있다. 22개 게임은 모두 진행자를 위한 구체적인 지도안 형식으로 설계되었다. 게임 해설 구성은 다음과 같다.

생각 열기	기후 변화 또는 게임의 특징을 잘 드러내는 인용문
기후 변화와 연결하기	기후 변화와 연결해서 생각해야 할 핵심 내용 게임의 목적, 방향과 함께 효과적인 배경 설명
게임에 대하여	게임의 역사, 전략 및 학습 목표. 효과적인 진행을 위한 기법
게임 진행	게임 자체에 대한 구체적인 정보. 인원, 소요 시간, 공간, 준비물, 게임 준비. 이외에 안전 문제나 신체 제약과 같이 고려할 점
게임 하기	진행자가 사용할 대본
게임 정리	게임별로 게임을 끝낸 다음, 학습 효과를 극대화할 수 있는 생각할 거리 또는 토론 주제들

▍인원에 따른 게임 분류

참여자 수에 맞게 22개 게임을 크게 세 가지로 분류했다.

1. 인원수에 상관없이 할 수 있는 단체 게임 (대규모)

수천 명과 동시에 진행할 수 있는 대규모 게임이다. 보통 참가자들끼리 상호작용하지 않는다. 대신, 각 사람은 진행자의 말과 질문에 집중해야 한다. 그리고 주로 앉아서 진행하기 때문에 대형 콘퍼런스 회의장 같은 장소가 좋다.

2. 모두가 참여하는 중간 규모 게임 (중간규모)

최대 30명까지 같이 할 수 있는 게임이다. 직접 경험하지 않으면 게임이 주는 교훈을 실감하지 못하기 때문에 될 수 있으면 전원이 게임을 하는 것이 좋다.

3. 일부만 참여하는 게임 (일부참여)

게임 참여자는 10명 이내이다. 따라서 참여하지 않은 사람은 관찰한다. 게임을 진행하는 과정에서 다른 사람과 상호작용한다. 게임을 하는 사람을 지켜보는 전체 청중 수는 중요하지 않다.

▌시스템 구조의 특징과 오해

기후 변화 위기에 대한 혼선은 다양한 오해 때문이다. 기후 변화 구조의 특징 중에서 이해하기 어려운 6가지 특징을 다음과 같이 정리했다.

1. **습관**

    기후 변화는 인류 사회에 오랫동안 깊게 굳어진 습관 때문에 만들어졌다. 한때 좋은 결과를 만들었던 우리의 행동이 지금은 생명체 생존을 위협하고 있다. 기후 변화를 줄이려는 노력은 이런 습관을 바꿔야 성공할 수 있다.

2. **부적합한 프레임**

    북극 빙산이 녹고 파키스탄에 홍수가 나는 등 기후 변화로 인한 피해는 기후 변화를 만든 원인에서 한참 멀리 떨어진 곳에 일어난다. 기후 변화를 줄이려면 시간, 장소, 책임감의 범위를 넓혀야 한다.

3. **불확실성**

    기후 변화는 누구도 완벽하게 이해할 수 없고 정확하게 측정할 수 없는 복잡한 요인들의 상호 작용 결과물이다. 따라서 기후 변화를 줄이려면 지금까지 알려지지 않았고 이해할 수 없는 새로운 문제도 마음을 열고 토론할 수 있어야 한다. 낯설고 잘 모른다고 회피하면 안 된다.

4. **스스로 작동하는 시스템**

    기후 변화는 사람 손에서 벗어난 매우 복잡한 구조에 일어나고 있다. 그리고 시간이 지나면서 대부분 현상이 그 속성이 강화되는 방향으로 전개되기도 한다. 기후 변화를 줄이고자 하면 사람의 통제권 밖에서 스스로 작동하는 자연 시스템에 대해 이해해야 한다.

5. 긴 지연 효과

기후 변화는 매우 긴 지연 효과의 결과물이다. 따라서 지금까지 배출된 온실가스의 결과는 아직 오지 않았다. 시의적절한 정책이 집행된다고 하더라도 현재의 문제는 향후 수십 년 동안 계속될 것이다. 기후 변화를 줄이려면 단기간에 성과가 나오지 않는다고 조급해서는 안 되고 미래를 내다보고 목표를 세워야 한다.

6. 증폭 효과

백만 분의 일 단위(ppm)로 증가하는 이산화탄소 배출량은 겉으로 봤을 때 작은 변화라 할지라도 생명체의 멸종을 만들 수 있는 심각한 문제를 일으킬 수 있다. 기후 변화를 줄이려면 겉으로 볼 때 중요하지 않고 심각하지 않아 보이는 신호에 관심을 둬야 한다.

▎게임 매트릭스를 이용한 게임 활용법

상황별로 게임을 선택하기 위해 다음 게임 매트릭스를 활용하면 좋다. 게임을 인원에 따라 인원수에 상관없이 할 수 있는 단체 게임(대규모), 일부만 참여하는 게임(일부참여), 모두가 참여하는 중간 규모 게임(중간규모)으로 나눴고 게임이 다루는 시스템 구조의 특징과 오해를 배치하였다. 이 분류는 절대적인 것이 아니다. 게임을 숙지한 다음에는 진행자 각자의 방법으로 분류할 수 있다.

게임 매트릭스

게임	인원에 따른 분류			시스템의 특징 및 오해
	대규모	중간규모	일부참여	
팔짱 끼기 게임	O			1
훌라후프 착륙 게임			O	3, 4
종이 막대 균형 잡기 게임		O		5, 6
욕조 게임			O	2, 5
생물 다양성 게임	O			2, 4, 6
머리 위로 원 그리기 게임	O			1, 2
프레임 게임	O			2
집단 저글링 게임		O		3, 4, 6
암호 풀기 게임	O			2
고기잡이 게임		O		1, 2, 3, 4, 5
과녁 맞히기 게임			O	5
살아있는 피드백 게임			O	4, 5
종이접기 게임	O			4, 6
종이 찢기 게임	O			2, 3
볼펜 게임	O			2, 3
생존 게임		O		1, 2, 3
사각형 만들기 게임		O		2, 3
손가락 씨름	O			1, 2
이등변 삼각형 만들기		O		4, 6
저글링 도전 게임		O		3, 6
실타래 거미집 게임			O	2, 4, 5
1-2-3 박수 게임	O			1, 3, 4, 6

▌게임에 앞서 세심하게 배려해야 할 내용

대부분 게임이 몸을 움직이는 것이기 때문에 서로 몸을 가까이하게 된다. 어깨를 맞댈 정도는 아니지만 약간의 여유를 두고 가까이 있게 되거나 손을 잡는 상황이 있다. 이럴 때 낯선 사람과, 특히 이성과 가까이하는 상황을 불편하게 여기는 사람이 있을 수 있다. 한두 사람이 불편하게 여기면 다른 방식으로 참여하도록 배려할 필요가 있다. 예를 들어 진행자 도우미 역할을 한다든지, 감독관이 되어 게임 규칙대로 잘하는지 점검하는 역할을 줄 수 있다. 그런데 3명 이상이 불편하게 여긴다면 다른 게임을 하거나 아예 하지 않는 것이 좋다. 이런 이유로 손잡는 상황에서 손 대신 볼펜이나 냅킨을 잡게 하면 신체 접촉으로 생기는 불편함을 줄일 수 있다. 이성 간의 접촉이 문제가 될 것 같으면 아예 남자 모둠과 여자 모둠으로 나눠서 게임을 진행할 수 있다.

많은 게임이 앉아서 하거나 일부가 참여하고 다른 사람은 지켜보는 것이어서 대부분 활발한 활동이 없다. 하지만, 일부 게임은 적극적인 움직임이 필요하다. 따라서, 어떤 상황에서도 신체 움직임에 스트레스를 받아서는 안 되고 자칫 균형을 잃어 넘어지는 일이 없도록 해야 한다. 이 게임들은 수백 번 진행되었고 문제를 일으킨 적이 없었다. 하지만, 사람일은 모르는 일이다. 늘 참가자들을 존중하고 조심하는 것이 좋다. 만일 움직임이 불편한 참가자가 있다면 진행자를 돕거나 감독관 역할을 주는 등 다른 방법으로 게임에 참여하게 하거나 게임을 변형시키는 것도 필요하다. 아무래도 무리가 될 것 같으면 게임을 바꾸는 것이 좋다.

게임 과정에서 특정 사람을 호명해서 발표를 시키는 것은 좋지 않다.

불러 세우는 것은 당황하게 만들 수 있다. 참가자들이 자기 생각을 공유하든 안 하든 본인 판단에 맡기는 것이 좋다.

▍게임 정리할 때 도움이 되는 지침

게임 정리하는 시간은 몇 분에서 더 길게 토론할 정도로 길어질 수 있다. 하지만 꼭 게임에 대한 내용이나 게임을 하는 목적과 관련된 내용을 이야기해야 한다. 게임을 끝내면 바로 진행자나 참가자들은 게임을 통해 얻는 경험과 교훈을 정리해야 한다. 다음과 같이 게임 정리에 도움이 될 수 있는 7개 지침을 소개한다. 게임 정리할 때 이 7개 지침을 일일이 따라 해도 되지만 필요하면 몇 개를 생략하거나 몇 개를 묶어서 처리할 수도 있다. 7개 지침을 진행자가 직접 해도 되지만, 될 수 있으면 참가자들이 할 수 있도록 진행자가 질문하는 것이 더 좋다.

1. 게임을 진행하면서 일어난 일들을 묘사한다.
2. 그런 일들이 현실 시스템에서 어떻게 나타나는지 설명한다.
3. 게임의 어떤 요인이 그런 상황을 만들었는지 생각한다.
4. 현실 시스템에서 그런 요인을 발견해 본다.
5. 게임의 나쁜 결과를 피하거나 해결 방법을 생각한다.
6. 현실 시스템의 나쁜 결과를 피하거나 해결할 방법을 생각한다.
7. 현실 시스템을 바꾸기 위해 나는 어떤 행동을 해야 할지 모색한다.

게임 결과가 생각하는 것과 달리 나타났을 때 게임을 참여한 사람들은 자신의 행동에 대해 일말의 책임감을 느낀다. 이 점이 중요하다. 만약 게임 실패 원인을 외부 요인, 통제할 수 없는 무작위 변수, 또는 진행자의 실수로 돌린다면 게임 결과를 돌아보고 배울 동기가 생기지 않을 것이다. 진행자가 세심하게 진행해야만 참가자들은 자신의 행동이 만든 실패, 성공을 통해 배울 수 있다. 진행자는 참가자들이 무척 당황하는 모습을 보일 때 절대로 참가자들이 어리석고 무식하며 나쁜 의도를 가진 사람으로 대해서는 안 된다. 이런 표현을 쓰면 좋다.

"여러분과 같이 현명하고 잘해 보려고 애쓰는 사람들조차도 이런 실패를 했다면 여기에는 뭔가 다른 이유가 있을 겁니다."

당부의 말씀

'시스템사고'는 개별 요인만 다루지 않고 다양한 요인들이 상호연결된 시스템을 다룰 때 폭넓게 사용하는 사고방식이다. 시스템사고는 복잡계 문제를 분석하고 해결할 수 있는 내용을 제공한다. 그래서 학습을 촉진하고 구조를 재설계하는 것을 도와준다. 시스템사고를 통해 얻을 수 있는 최대 혜택은 눈앞의 위기만 쫓지 않게 하고 부분만 생각하는 것을 줄여주고 대신 통합적인 방식으로 사고하는 것이다.

이 책이 소개하는 게임들은 다양한 개념과 시스템사고를 훈련할 수 있는 습관을 다루고 있는데 기후 변화의 구조 특징을 이해할 수 있는 새로운 통찰을 줄 것이다.

21세기 교육은 중요한 도전을 맞이하고 있다. 그것은 사람들이 갈수록 복잡해지는 시스템을 효과적으로 이해하고 대처하도록 배우는 것이다. 갈수록 학계와 교육 현장에 있는 사람들은 학습 경험을 설계할 때 단순한 원칙에 집중하고 있다. 바로 몸과 생각을 연결하는 것이다. 놀라운 내용을 담고 있는 「사용하지 않은 지능 An Unused Intelligence」[1] 책에

---

1 Bryner, Andy and Markova, *Dawna, An Unused Intelligence: Physical Thinking for 21st Century Leadership* (Berkely, CA: Conari Press, 1996)

서 저자 앤디 브라이너와 다우나 마코바는 서양 교육 시스템 때문에 인간 육체가 가진 문제 해결 능력을 사실상 방치했다고 경고한다. 우리 저자들은 이 말에 진심으로 동의한다. 그리고 여기에 덧붙혀서 인간 육체가 가진 시스템사고 능력과 시스템 감지 능력 역시 방치됐다고 말하고 싶다. 여기 소개한 게임들은 진행자가 얼마나 능숙하게 핵심 개념, 이론, 기법, 게임 경험을 통합하느냐에 달려 있다. 즉, 시스템사고 개념에 얼마나 익숙한지에 따라, 진행자의 통찰력과 에너지에 따라 게임 성과가 달라질 것이다. 경험상, 진행자와 참가자들은 게임을 통해 시스템사고를 잘하는 사람들의 생각하는 습관을 깨닫게 된다. 독자 여러분을 시스템사고의 즐거움에 초대한다.

▌시스템사고를 잘 하는 방법

저자들이 오랫동안 시스템사고를 연구하고 강의하면서 정리한 시스템사고를 잘하는 방법은 다음과 같다.

1. 큰 그림을 봐야 한다.
2. 복잡한 시스템에서 지렛대 효과를 새롭게 찾으려면 관점을 바꿔야 한다.
3. 상호 의존성에 관심을 둬야 한다.
4. 각 사람의 믿음, 아이디어, 전제 등을 의미하는 정신 모델(mental model)이 우리 미래를 만든다는 것을 명심해야 한다.

5. 장기적인 관점에 주목하고 힘을 실어줘야 한다.
6. 주위를 살펴서 복잡한 인과관계를 분석해야 한다.
7. 의도하지 않은 결과가 어디서 나타나는지 찾아야 한다.
8. 사람을 탓하기 말고 시스템 내에서 상호작용하는 구조에 집중해야 한다.
9. 모순과 논쟁거리를 서둘러 해결하지 말고 긴장의 끈을 놓지 않고 면밀해 따져봐야 한다.
10. 복잡한 시스템을 인과순환지도와 컴퓨터 모델링을 통해 시각화해야 한다. 이것을 통해 어떤 행동이 어떤 결과를 낳는지를 볼 수 있다.
11. 물질과 정보가 쌓이는 저량, 시간 지연 효과, 그리고 이것들이 만드는 관성을 찾아내야 한다.
12. 상호의존성이 높은 상황에서는 승자-패자 구도가 오히려 문제를 악화시킬 수 있기 때문에 조심해야 한다.
13. 우리들을 시스템과 무관한 존재로 보지 말고 시스템의 한 부분으로 받아들여야 한다.

이 책에서 소개한 게임을 하면 위에 나열한 시스템사고를 더 잘하게 되고 기후 변화를 이해하는 데에 큰 도움을 받을 수 있다. 그래서 게임을 진행할 때 관련된 이론, 개념, 모델을 결합하고 게임 정리할 때 참가자들의 경험을 충분히 공유하면 더 큰 효과를 얻을 수 있다.

1.
팔짱 끼기 게임

상황이 바뀌면 습관을 바꿔야 한다.

> 생각 열기

한 번 습관이 굳어지면 습관이 우리를 지배한다. 따라서, 나쁜 습관을 극복하지 않으면 그 습관이 우리를 정복할 것이다.

— 롭 길버트, 스포츠 심리학자

우리가 지금까지 만든 세상의 문제를 걱정한들 문제를 만든 사고 수준에서는 해결할 수 없다.

— 알버트 아인슈타인, 이론 물리학자

나쁜 습관은 안락한 침대와 같아서 들어가긴 쉬워도 빠져나오기는
어렵다.

- 속담

기후 변화와 연결하기

대기에 온실가스가 쌓이는 것은 경제가 성장하고 인구가 증가하면서 자연스럽게 만들어진 습관 때문이다. 이 습관 때문에 온실가스는 앞으로 더 빠른 속도로 증가할 것이다. 기후 변화를 되돌리려면 이 습관을 바꿔야 한다. 그런데 이 습관이 우리 사회를 곤경에 빠뜨리는 위험한 것이어서 정작 바꾸려고 하면 오히려 영향력 있는 사람들이 조직적으로 저항할 것이다.

기후 변화에 성공적으로 맞서려면 소비, 교통수단, 정치, 도시의 에너지 사용 패턴 등 여러 영역에서 전방위적으로 영향을 미칠 수 있는 새로운 습관을 만들어야 한다. 하지만, 이것 역시 쉽지 않다. 이제 소개할 게임은 습관을 바꾸려고 할 때 겪게 되는 어려움을 알려 줄 것이다.

게임에 대하여

팔짱 끼기 게임은 시간이 적게 걸리고 준비물이 없어 매우 쉽게 할 수 있다.[2]

---

[2] 팔짱 끼기 게임은 1995년 출간된 '시스템사고 게임 The Systems Thinking Playbook' 에서 소개한 내용과 많이 달라졌다. 그동안 이 게임의 도입, 진행, 게임 정리하는 방식 등 전반적으로 진화했다.

게임 진행

- **인원**

  이 게임은 대규모 게임이다. 몇 명에서 천 명까지도 한 번에 가능하다.

- **소요 시간**

  몇 분이면 되지만, 얼마든지 강의 목적에 맞게 변형할 수 있다.

- **공간**

  모든 사람이 앉을 수 있는 곳이라면 어디든 괜찮다. 다만 참여자 모두가 진행자를 보고 진행자 목소리를 들을 수 있어야 한다.

- **준비물**

  없음

- **게임 준비**

  없음

게임 하기

- **1단계:**

  청중에게 다음과 같이 말한다.

  "이제 저와 함께 쉬운 동작 하나를 하겠습니다. 손에 들고 있는 것은 모두 책상에 내려놓고 제 말에 따라 주세요."

  청중을 둘러보고 동작을 따라 할 준비가 되었는지 살펴본다.

  여전히 뭔가 손에 쥐고 있는 사람이 있다면 다시 한번 내려놓으라고 부탁한다.

  "모두 팔짱을 껴 주세요."

이렇게 말하면서 진행자도 팔짱을 낀다.

"팔짱 낀 상태에서 왼손과 오른손 중, 어느 손이 위에 올라와 있는지 잘 기억해주세요."

"팔짱을 풀어주세요."

진행자도 자신의 팔을 풀어서 내려 놓고 다음 동작을 안내할 준비를 한다. 잠시 말을 아낀다.

"이제 다시 팔짱을 끼십시오. 그리고 내려다보고 어느 팔이 올라와 있는지 기억하십시오."

청중이 진행자의 안내에 따라 하도록 잠시 기다려 준다.

"이제 팔을 풀어주세요."

- **2단계:**

청중에게 다음과 같이 설명한다.

"이제 잠시 확인을 하겠습니다. 우리는 두 번 팔짱을 끼었는데 두 번 다 같은 손이 위에 올라간 분은 손을 들어 주십시오."

청중들이 어떻게 손을 들어야 하는지 혼란스러워할 수 있기 때문에 진행자도 손을 들어서 조사에 참여한다.

"저는 두 번 다 같은 팔이 위에 올라왔습니다."

진행자도 이렇게 말하기 위해서 청중과 같이 두 번 팔짱 끼는 동작을 할 필요가 있다. 일반적으로 극소수의 경우를 빼고는 모두 손을 들 것이다. 청중을 살펴보고 다음과 같이 말한다.

"거의 모든 분이 두 번 다 같은 팔이 위에 있었습니다. 이것은 정상적인 겁니다. 팔짱을 끼는 행동은 어떤 일에 집중하는데 손이 필요하지 않을 때 하는 행동입니다. 한 번 편하게 팔짱을 끼면 늘 그 방식대로 팔짱을 끼게 됩니다. 팔짱을 끼는 행동을 할 때마다 어떻게 하면 편하게 팔짱을 낄까 생각한다면 엄청난 시간 낭비를 하게 될 겁니다."

- **3단계:**

다음과 같이 설명한다.

"거의 모든 사람이 매번 같은 방식으로 팔짱을 낀다면 가장 적합한 팔짱 끼는 방식이 있을 것 같군요. 한 번 살펴보겠습니다."

이제 진행자는 얼마나 많은 사람이 당신과 같은 방식으로 팔짱을 끼는지 조사한다. 이 단계에서 진행자는 매번 왼손이 위에 올랐다고 가정한다.

"두 번 다 왼손이 위에 올랐다는 분은 손을 들어 주십시오."

진행자도 손을 들고 말한다.

"저도 그렇습니다."

그리고 손을 내린다.

"두 번 다 오른손이 위에 올랐다는 분은 손을 들어 주십시오."

청중을 살펴본다. 그 외에 두 번 모두 다른 손이 위에 올랐다는 사람은 손을 들지 않았을 것이다. 이런 예외적인 사람은 무시한다. 평균적으로 대략 절반은 왼손이, 나머지 절반은 오른손이 위에 올랐을 것이다.

"대략 절반이 한 방법으로 그리고 다른 절반은 다른 방법으로 습관적으로 팔짱을 끼고 있습니다. 따라서 둘 중 어느 한 가지가 최고의 방법이라고 할 수 없습니다. 두 가지 방법 모두 쓸 수 있습니다. 하지만 어떤 습관이 한번 들면 무의식적으로 계속 그 습관대로 행동합니다. 심지어 다른 방식이 명백히 존재하거나 내 주위 사람이 다른 방식으로 사용해도 나는 기존 방식대로 하게 됩니다."

- **4단계:**

관찰한다.

"습관은 효과적이기 때문에 자동적으로 사용됩니다. 굳이 생각하지 않아도 됩니다. 하지만 때로는 상황이 바뀝니다. 그래서 과거에 효과적이었던 습관이 쓸모없게 됩니다. 그럴 때면 습관을 바꿔야 합니다. 이제 저는 여러분과 함께 습관을 바꾸는 연습을 하겠습니다."

"모두 손을 바꿔서 팔짱을 껴 보십시오."

진행자도 해 본다. 이때 약간 과장된 행동으로 잠시 생각하는 모습, 실수하는 모습을 보여 준다.

약 10초 정도 기다린다. 처음에는 전형적으로 몇몇은 당황스럽다며 웃게 될 겁니다. 이윽고 모든 사람이 각자 다른 방식으로 팔짱 끼는 것을 성공하게 된다.

"성공하셨군요. 축하드립니다! 이제 습관을 바꾸려고 할 때 나타나는 세 가지 현상을 기억해 주십시오. 첫 번째는 습관을 바꾸는 것이 가능하다는 점입니다. 여러분 모두 팔짱 끼는 습관을 결국에는 바꿨습니다."

잠시 청중이 생각할 시간을 준다.

"두 번째는 쉽지 않다는 점입니다. 생각을 해야 합니다. 그리고 어쩌면 처음이라서 실수할 수도 있습니다."

역시 잠시 청중이 생각할 시간을 준다.

"세 번째는 습관을 바꿀 때 처음에는 불편하다는 점입니다. 모두 평소처럼 하지 않고 다른 방식으로 하다보니 약간 이상한 느낌을 받았을 겁니다."

잠시 기다리다가 다음 이야기를 시작한다.

"지난 250년 이상 인류는 전형적으로 경제 성장을 부추기고 에너지와 자원을 더 많이 소비하면서 더 잘살게 되었습니다. 이 과정에서 우리는 에너지를 더 많이 사용하고 식량을 더 많이 생산하고 숲을 더 많이 개간하는 등 다양한 습관을 극단적으로 개발했습니다. 그 결과 상황이 바뀌었습니다. 성장을 부추기고 에너지와 자원 소비를 증가시키는 습관들은 결국 장기적으로 볼 때 우리 삶을 더 나쁘게 만들 것입니다."

"인류의 복지가 지속 가능하게 하려면, 환경에 미치는 나쁜 영향을 줄여야 합니다. 예를 들어 대기에 온실가스를 방출하는 활동을 줄일 필요가 있습니다. 그러기 위해서는 습관을 바꿔야만 합니다. 그리고 습관을 바꾸려고 노력할 때 다시 한번 다음 세 가지를 경험할 겁니다. 첫 번째는 가능하다는 것입니다. 팔짱을 바꿔 낄 수 있었던 것처럼 말입니다. 두 번째는 조심스럽게 생각해야 하고 처음이라서 실수도 하게 된다는 점입니다. 세 번째는 이런 변화가 단기간에는 누구에게는 불이익을 주기 때문에 불이익을 보는 사람들이 조직적으로 저항한다는 점입니다. 모든 사람을 만족시키는 기후 변화 해결책은 없습니다."

> **게임 정리**
>
> - 우리 사회에서 온실가스를 더 많이 만드는 습관은 어떤 것이 있을까?
> - 그런 습관은 필요한 것일까? 또는 방식을 바꿀 수는 없을까?"
> - 팔짱 끼기 게임의 세 가지 교훈으로 우리 사회의 습관을 바꿔봅시다. 어떤 습관에 적용할 수 있고 어떻게 재해석할 수 있는가?

공식적으로 마무리 과정을 따로 두지 않고 위 질문으로 끝내는 것도 좋다.

2.
훌라후프 착륙 게임

숨겨진 규칙을 이해해야 한다. 그 규칙이 우리가 원했거나 예상했던 것과 전혀 다른 결과를 만들 수 있기 때문이다.

생각 열기

시스템이 제대로 작동하지 않는 근본적인 원인을 이해하려면 규칙과 규칙을 지배하는 사람에게 주목해야 한다.

— 도넬라 메도즈, 환경 지도자

규칙을 알면 규칙을 깨는 적절한 방법을 알게 된다.

– 달라이 라마, 종교 지도자

법은 어리석은 자를 통제하고, 정의는 현명한 자를 움직인다.

– 마크 트웨인, 유머를 아는 사람

기후 변화와 연결하기

각 나라의 정부는 자국 온실가스 배출량을 줄일 거라고 말하지만 온실가스는 여전히 증가하고 있다. 사람들은 장기적인 관점에 관심을 둔다고 말하면서도 단기적인 이익을 위해 행동한다. 심지어 이런 행동이 장기적으로는 대가를 치르게 된다는 것을 알면서도 말이다. 정치가들은 선거 운동할 때는 기후 변화를 막기 위해 뭔가 하겠다고 약속하지만 정작 당선이 되면 기후 변화를 더 악화시키는 행동을 한다. 이렇게 시스템을 지배하는 규칙은 많은 사람이 원하는 것과 다른 결과를 만든다. 이 규칙은 법률, 행정 업무의 관습, 문화 규범 등에 녹아 있다. 이런 규칙들이 힘을 발휘하는 한 기후 변화는 더욱 빨리 악화될 것이다. 온실가스를 줄이기 위해서는 규칙을 바꿀 필요가 있다.

이 게임은 어떤 규칙에 따라 문제가 일어날 때 동일한 규칙 틀 안에서 개선하려는 노력을 열심히 할수록 문제가 해결되지 않는다는 것을 보여준다.

게임에 대하여

사람들은 진행자가 제시한 결과를 만들기 위해 마음대로 움직일 수 있다. 대부분의 경우 협상의 기본 전제는 모든 사람이 목표에 동의하고 그 목표를 달성하려고 열심히 노력하면 성공이 따라온다는 것이다. 예를 들어 교토 프로토콜(Kyoto Protocol)이 이런 전제를 깔고 있다. 하지만 항상 성공이 따라오는 것은 아니다. 종종 시스템의 숨겨진 규칙이 사람들이 원하고 예상했던 것과 매우 다른 결과를 만든다. 이 게임의 결과는 매우 선명하고 매우 충격적이다. 만약 여러분의 지인이 기후 변화에 대처하기 위한 첫 번째 방안으로 사람들을 '교육'하는 것만 필요하다고 생각한다면 이 게임을 통해 그런 안이한 생각의 틀이 깨질 것이다.

게임 진행

- **인원**

  이 게임은 7명이 필요하므로 지원자를 받는다. 만약 5초 안에 자원자가 안 나타나면 7명을 지목해서 참여해 달라고 요청해 본다. 시간 소모를 없애기 위해서 게임을 할 사람을 지목할 때는 가급적 가까운 사람 중에서 찾아 본다.

- **소요 시간**

  10분 게임, 10분~30분 토론

- **공간**

  7명이 청중 앞에서 진행자를 중심으로 원을 만들 수 있고 청중들이 진행자와 7명이 하는 동작을 잘 볼 수 있는 충분히 넓은 공간이 필요하다.

- **준비물**

  지름 75cm~90cm인 플라스틱 훌라후프 (가방에 집어넣고 이동하기 편하게 조립식 훌라후프를 마련하는 것도 좋다.)

- **게임 준비**

  분리형 훌라후프는 게임할 때 바로 사용할 수 있도록 미리 조립해서 연단 근처에 둔다.

게임 하기

훌라후프 착륙 게임은 일부만 참여하기 때문에 어떤 강의 중에, 또는, 다른 프로그램과 연결해서 진행할 수 있다. 적절한 순간에 게임을 소개하면 되는데, 기후 변화에 대한 중요한 점을 알려 주는 간단한 게임을 할 것이라는 정도만 소개하면 된다.

- **1단계:**

  진행자는 훌라후프를 잡고 말한다.

  "이 훌라후프는 대기 중에 있는 이산화탄소의 밀도 수준이라고 상상해 주십시오. 우리의 목표는 가능한 빨리 이산화탄소의 수준을 낮추는 것입니다. 이 높이에서 시작할 겁니다. (훌라후프를 허리 높이로 든다) 우리 중의 한 팀이 나와서 훌라후프를 낮출 건데 바닥까지 내리면 됩니다. 이 게임은 7명이 필요합니다."

자원자를 부탁하거나 간단히 첫 번째 열이나 두 번째 열에서 7명을 지목한다. 신경 써야 할 점은 참가자가 허리를 구부린다든지 바닥에 무릎을 꿇는 신체 활동에 문제가 없어야 한다는 점이다. 그리고 참가자들은 같은 언어로 소통하는 데에 문제가 없어야 한다. 참가자들에게 진행자와 함께 서달라고 요청한다.

- **2단계:**

    "이제 저는 여러분에게 한 팀으로 움직여서 이산화탄소의 밀도를 낮춰달라고 요청할 겁니다. 즉, 훌라후프를 바닥까지 내려야 합니다. 모두가 따라야 할 규칙은 2가지가 있습니다. 이 설명에 귀를 기울여 주십시오. 매우 중요합니다."

    "먼저 오른팔을 내리십시오. 그러면 팔꿈치가 허리 근처에 있게 됩니다. 그 상태에서 오른팔을 앞으로 올리고 손바닥을 바닥으로 향하게 한 뒤 주먹을 쥡니다. 그다음에 두 번째 손가락을 핍니다."

    원하는 동작을 진행자가 직접 몸으로 보여준다.

    "저를 둘러싸서 작은 원을 만듭니다. 잠시 후에 여러분의 손가락으로 훌라후프를 지지할 수 있도록 내려놓을 건데 훌라후프가 여러분의 두 번째 손가락 위에 닿을 겁니다."

    참가자들이 규칙을 잘 따르는지 진행자가 지켜볼 것이고, 규칙을 하나라도 어기면 모두에게 알릴 것이고, 시간을 멈추지 않은 상태로 처음부터 다시 시작할 것이라고 알린다.

    "두 가지 규칙이 있습니다. 첫 번째 규칙은 여러분은 훌라후프를 각자의 두 번째 손가락 윗면으로만 닿아야 한다는 것입니다. 두 번째 규칙은 단 한 사람도 **절대로! 절대로!** 훌라후프와 떨어져서는 안 된다는 것입니다. 아주 잠시라도 말입니다. 한 팀으로 노력해야 합니다. 만일 여러분 중의 한 사람이 훌라후프와 접촉하지 않았다면 그 사람은 팀원으로서 자신이 맡은 역할을 하지 않는다는 것을 말합니다."

다시 강조한다.

"만일 제가 한 분이라도 훌라후프와 접촉하지 않은 사람을 발견하게 되면 저는 즉시 게임을 멈추고 시간을 멈추지 않은 채 처음부터 다시 시작할 겁니다. 준비되셨으면 저는 훌라후프를 살짝 내려놓을 것이고 '시작!'이라고 말할 겁니다. 그러면 청중에서 한 분이 여러분이 얼마나 빨리 이산화탄소의 밀도를 수준을 낮추는지, 즉, 훌라후프를 얼마나 빨리 바닥까지 내리는지 시간을 잴 겁니다. 저는 원 안에 있을 겁니다. 즉, 훌라후프 안에 있을 겁니다. 여러분은 원 안에 있는 저를 신경쓰지 말고 가능한 한 빨리 훌라후프를 낮춰야 합니다."

보통, 서로 대화할 수 있냐고 그룹 중 한 사람 정도는 물어볼 것이다. 그러면 진행자는

"당연하죠!"

라고 말해 준다. 진행자 주위로 7명이 원을 만들 때 대략 비슷한 간격이 되도록 한다. 훌라후프를 진행자의 허리 높이까지 내려서 모든 사람이 각자의 두 번째 손가락 윗면으로 닿도록 한다. 이때 진행자가 훌라후프를 꽉 움켜쥐면 안 된다. 진행자는 참가자 각자의 손가락 위에 살짝 올려놓을 정도로 훌라후프를 잡는다.

- **3단계:**

  "시작하기 전에, 청중 여러분께 질문드리겠습니다. 과연 미션을 달성하기까지 시간이 얼마나 걸릴까요?"

  청중들이 진행자의 질문에 생각할 시간을 준다. 이 순간이 매우 중요하다. 진행자는 추가로 언급하지 말고 참가자 중 한두 명에게 답변을 유도한다. 그다음 청중에 있는 한 사람에게 초 단위로 시간을 재 달라고 부탁한다. 이제 7명으로 구성된 팀을 둘러보고 모두 훌라후프에 닿아 있는지 확인한다.

- **4단계:**

  "다시 한 번 기억해 주십시오. 훌라후프를 놓치면 안 됩니다.

  정말로! 정말로! 중요합니다. 준비되셨나요? 시작!"

  진행자는 '시작'이라고 말하는 순간 손으로 잡고 있던 훌라후프를 놓는다. 그리고 게임을 진행하는 동안 훌라후프가 원 중앙에 있는 진행자에 닿지 않도록 조심한다.

  진행자가 훌라후프를 잡고 있던 손을 놓은 순간 훌라후프는 위로 움직일 것이다. 훌라후프가 진행자의 머리 높이까지 올랐을 때 또는 워낙 빨리 움직여서 머리 높이보다 더 높게 오르면 훌라후프를 잡는다. 때로는 참가자들이 뭘 해야 하고 어떻게 협력해야 할지 이해하려고 노력하는 과정에서 훌라후프는 다소 처음과 비슷한 높이를 유지하기도 한다. 하지만, 훌라후프를 신중하게 지켜봐야 한다. 대부분의 경우에 누군가 자신의 손가락을 내리는 찰나의 순간에 훌라후프와 떨어지는 것을 발견하게 된다. 그런 일이 일어나면 바로 지적한다. 규칙을 위반한 사람을 찾아 우스꽝스럽게 혼찌검을 낸 후 훌라후프를 다시 진행자의 허리춤 높이로 가지고 와서 다시 시작한다. 이 과정을 다소 과장된 동작으로 한다. 결국, 훌라후프는 위로 움직이기 시작하는데, 손가락 위로 힘을 주면서 훌라후프와 접촉을 유지하려고 애쓸수록 훌라후프가 위로 움직이는 속도는 더 빨라질 것이다. 훌라후프가 진행자의 머리 높이까지 올라가면 훌라후프를 잡아야 한다. 그리고 이렇게 말한다.

"좋습니다. 멈춰야 할 것 같습니다. 최선을 다해 주셔서 고맙습니다. 이제 자리에 앉으시죠."

훌라후프를 내리려는 시도는 거의 매번 실패할 것이다. 오직 아주 천천히 움직일 때만 성공할 수 있다. 하지만, 시간이 오래 걸린다는 것은 다른 측면에서 실패한 것이다. 따라서 참가자들은 이래저래 '실패'를 경험하게 된다.

참가자들이 자리에 앉을 때까지 잠시 기다렸다가 게임 마무리를 진행한다.

게임 정리

"무슨 일이 일어났습니까?"

청중들이 생각하고 대답할 시간을 잠시 준다.

"이 게임의 목적은 훌라후프를 바닥까지 내리는 것이었습니다. 그런데 실제 훌라후프에 어떤 일이 일어났습니까?"

누군가 이렇게 대답할 것이다.

"훌라후프가 내려가지 않고 오히려 올라갔습니다."

아직은 게임을 실패했다고 해서 청중들이 그렇게 당황하지는 않았을 것이다.

"이 게임에 참여한 분들처럼 똑똑하고 헌신적이고 선의를 가지신 분들이 모두가 원하는 그 무언가를 이루려고 노력했는데 결국 실패했다면 그것은 시스템에 문제가 있는 것이 틀림없습니다. 왜 이런 일이 일어났을까요?"

청중들이 나름대로 의견을 가질 수 있는 시간을 준다. 그리고 다음과 같은 핵심적인 교훈을 설명한다.

"우리가 모두 원하는 것과 다른 결과가 나온 것은 바로 규칙 때문입니다. 규칙을 만든 사람이나 규칙을 따른 사람 모두가 원하는 것과 다른 결과를 바라지는 않았을 겁니다. 하지만 그런 일이 생겼습니다. 사람들은 종종 자신이 바라지 않은 결과를 만드는 규칙을 개발하곤 합니다. 이 게임에서 우리를 좌절하게 만든 두 가지 규칙은 무엇이었습니까?

첫 번째, 참가자들은 훌라후프를 자신의 손가락 윗면으로만 접촉할 수 있었습니다. 두 번째, 한 사람도 훌라후프와 떨어지면 안 되었습니다. 이 규칙을 잘 지키면서 성공하는 것은 현실적으로 불가능합니다. 참가자 모두 체력 단련실에 가서 손가락 훈련을 할 수도 있을 겁니다. 협업을 더 잘하기 위해서 팀 빌딩 교육프로그램에 참여할 수도 있을 겁니다. 각자의 견해를 충분히 나눌 수 있도록 온종일 회의를 할 수도 있을 겁니다. 팀원들의 소통 능력을 향상하기 위해서 워크숍을 진행할 수도 있을 겁니다. 기타 다양한 것들을 할 수도 있을 겁니다. 하지만 규칙을 바꾸지 않는 한 같은 결과가 나옵니다."

"모든 사람이 규칙을 이해했고 규칙 또한 합리적인 것처럼 보였음에도 불구하고 성공하지 못했습니다. 왜 그럴까요? 이유는 간단합니다. 모든 참가자가 훌라후프와 접촉한 상태를 유지하려면, 훌라후프의 아랫 부분을 지탱하는 손가락에 힘이 들어가야 합니다. 손가락 위로 말입니다. 그러면 다른 멤버는 올라가는 훌라후프와 떨어지지 않으려고 손가락을 더 높이 들어야 합니다. 결국, 훌라후프는 더 높이 올라가게 됩니다. 훌라후프는 내려가지 않고 거꾸로 올라가는 악순환이 만들어 집니다."

"규칙을 바꾸면 매우 쉽게 원하는 결과를 얻을 수 있습니다. 예를 들어 훌라후프를 손가락 위에 올려놓는 것이 아니라 손가락으로 집을 수도 있을 겁니다. 또는 훌라후프와 접촉한 손가락이 떨어져도 괜찮다고 말할 수도 있을 겁니다. 결국, 목표를 달성하기 위해서는 규칙을 바꿔야 합니다."

- 대기 중에 섞여있는 이산화탄소와 다양한 온실가스의 밀도가 계속 올라가고 있고 사회는 이에 반응하고 있는데 우리 사회를 지배하는 규칙은 무엇일까? 이런 규칙은 어떻게 전해지고 있는가?

훌라후프 착륙 게임에서 주어진 규칙에 따라 게임을 진행했다. 하지만, 실제 삶에서는 '안 보이는 규칙들'이 있다. 습관 또는 문화 규범이 그렇다. 우리 사회에 알게 모르게 존재하는 '규칙' 또는 '신념'은 "눈에 보이지 않는 것은 우리에게 해를 끼치지 않는다."는 것이다. 지구에 치명적인 해를 끼치는 이산화탄소와 다양한 온실가스의 수준은 몇

백 ppm(parts per million, 백만분율)이다. 가스는 눈에 보이지 않는다. 백만분의 몇백 수준이면 걱정하기에는 너무 작은 규모이다. 대중 매체와 의사 결정권자들은 서둘러 대책을 세우지 않아도 된다고 부추기고 있다. 특히 의사결정권자들은 현재 상태를 유지하는 것이 자신들에게 이득이기 때문에 그들에게 손실을 끼칠 수 있는 행동이 나오면 오히려 비난한다. 민주주의식 의사결정 시스템에 스며있는 또 다른 '안 보이는 규칙'은 후보자나 유권자 모두 '지금과 다음 선거 때까지 발생할 수 있는 문제'만 걱정한다는 점이다. 지속적으로 증가하고 있는 온실가스 문제는 임기 내에 해결될 수 없기 때문에 민주주의식 의사결정 시스템에서는 문제로 받아들여지지 않는다. 이런 점 역시 대중 매체를 통해 전달되고 있다.

- 앞에서와 같이 모호하고 잘 드러나지 않은 규칙을 일반 대중에게 알린다면 기후 변화를 피할 수 있을까?
- 온실가스 배출량을 줄이기 위해서 어떻게 규칙을 바꿀 수 있을까?

3.
종이 막대 균형 잡기 게임

단기적인 생각으로 장기적인 목표를 이룰 수 없다.

> 생각 열기

사회경제 시나리오(socioeconomic scenarios)에서 다루는 시간은 내용에 따라 길이가 다르다. 기후 모델 연구자들은 종종 100년 이상의 시나리오를 사용한다. 사회경제 시나리오가 100년 동안 나타나는 변화를 설명하려면 기후 자체의 변화, 기후 변화가 미치는 영향, 토지 용도 변경 등을 연구할 때 사용하는 모델을 활용할 필요가 있다. 정치가들 역시 기후 변화 적응을 위한 정책을 만들기 위해서 사회경제 시나리오 기법이 도움이 된다고 생각할지 모르지만 고작 20년 정도를 적절하다고 여길 것이다.

- 기후 변화에 관한 정부 간 협의체
(IPCC, Intergovernmental Panel on Climate Change)

환경을 걱정하는 사람이라면 지구 온난화 위기를 말할 때 우리에게 익숙한 표현인 "지금 당장 닥친 위기(here and now crisis)"라는 프레임으로 실천을 강조할 수 있다. 또는, 훨씬 더 어려운 일이고 우리 인류의 가치 시스템을 재정의할 수 있다. 이작업은 우리인류에게는 매우 드물다. 그것은 바로 우리 자녀와 손자녀에게 미칠 위험을 지금 제한하는 것이다.

- 앤드루 레브킨, 뉴욕 타임스 과학 언론인

쌀을 경작하는 것은 일 년짜리 계획이고, 나무를 심는 것은 십 년짜리 계획이다. 그런데 사람을 교육하는 것은 평생을 바칠 계획이다.

- 중국 속담

기후 변화와 연결하기

의도하지 않은 결과를 포함해서 무수히 많은 인과 관계가 존재하는 기후 변화를 다루는 정책이 매번 실패하는 이유는 의사결정에 따른 결과물을 다 경험하지 못하기 때문이다. 그래서 기후 변화와 같이 오랜 시간에 걸쳐 나타나는 영향 관계를 다루는 연구와 활동을 할 때는 다루는 시간의 길이(time horizon)를 결정하는 것이 중요하다. 예를 들어, 이산화탄소를 대규모로 배출하는 시설이 배출량을 줄인다고 해서 당장 기후 변화에 영향을 미치는 것이 아니기 때문에 그런 시설을 규제하려고 할 때는 얼마나 긴 시간의 틀(time frame)을 적용해야 할지를 정하는 것이 중요하다. 그리고 기후 변화에 관련된 연구나 활동을 하는 집단 안에서도 시간의 길이를 합의해야 불통, 오해, 갈등을 줄일 수 있다. 안 그러면 각자의 시간의 틀을 적용해서 문제를 키울 수 있기 때문이다.

게임에 대하여

이 게임에서는 특별히 제작한 종이 막대를 사용해서 몸을 움직인다. 이 게임을 통해 참가자들은 적절한 시간의 길이가 왜 중요한지를 이해하게 되는데 기후 변화와 같이 시간의 길이가 긴 주제를 이해하는 데에 도움을 준다. 이 게임이 만병통치약처럼 모든 중요한 점을 다 설명하지는 못하지만, 시간에 따라 변하는 시스템을 이해하고 원하는 방향으로 만들기 위해서는 다루는 시간의 길이가 적절해야 한다는 점을 일깨워 준다. 변화를 바라보는 시간의 길이가 너무 짧거나 지나치게 길다면 시스템을 관리할 수 없다.

게임 진행

- **인원**

  준비된 종이 막대의 수에 맞춘다.

- **소요 시간**

  5분 게임하고 10분 또는 그 이상을 마무리에 쓴다.

- **공간**

  참가자들은 서로 1m 정도 떨어져야 한다. 원으로 둘러서서 진행하면 서로의 움직임을 볼 수 있어서 좋다.

- **준비물**

  참가자에게 하나씩 제공할 지름 2.5cm, 높이 1m 정도의 종이 막대 (비슷한 크기의 스틱이나 골판지 막대도 괜찮다.)

- **게임 준비**

  미리 종이 막대를 준비해야 한다. 신문지나 갱지로 간단히 만들 수 있다. 종이 모서리를 빗자루 막대기에 대고 감은 다음 빗자루와 분리해서 테이프로 떨어지지 않게 붙인다. 참석자가 들어오기 전에 의자에 미리 올려놓거나 게임을 진행할 때 바로 꺼내 사용하기 편한 큰 가방에 보관해도 좋다.

게임 하기

- **1단계:**

  참석자들에게 설명한다.

  "한 손의 손가락 위에 종이 막대를 올려놓고 다른 손으로 종이 막대를 잡습니다. 종이 막대를 잡은채로 종이 막대에서 손바닥 위로 정확히 2.5cm 높이의 점을 뚫어지라 쳐다봅니다. 이제 계속 쳐다보면서 종이 막대를 잡은 손을 놓고 손가락만으로 균형을 잡아야 합니다."

  참가자들에게 2분 정도 연습 시간을 준다.

- **2단계:**

  "이제 같은 방식으로 종이 막대 맨 위를 보면서 균형을 잡아 보십시오."

  참가자에게 1분 정도 연습 시간을 준다.

- **3단계:**

  "이제는 천정을 바라보면서 균형을 잡아 보십시오."

  참가자에게 2분 정도 연습 시간을 준다.

손가락 쪽으로 너무 가까이 쳐다볼 때, 또는 손가락에서 너무 멀리 쳐다볼 때는 균형 잡는 것이 불가능하거나 매우 어려울 것이다.

게임 정리

몇 가지 질문을 던지면서 시작한다.

- 세 가지 방법 중에 어떤 것이 가장 효과가 있었습니까?
- 왜 종이 막대기 꼭대기를 쳐다볼 때가 가장 쉽다고 생각하십니까?
- 여러분의 관점을 바꿀 때 어떤 일이 일어났습니까?

몇 가지 질문을 던지면서 시작한다. 시선을 바꿀 때 나타나는 중요한 변화는 종이 막대가 균형을 잃을 때 눈으로 감지해서 손으로 조정하려는 시간의 길이가 달라진다는 점이다. 눈으로 종이 막대의 변화를 알아차리기 전에 이미 종이 막대는 어느 정도 움직이기 마련이다. 즉, 종이 막대가 일정 수준 이상 움직여야 이 변화를 눈으로 감지할 수 있는데 우리가 보는 시선의 위치에 따라 인지할 수 있는 종이 막대의 변화 폭은 달라진다. 심리학 실험에서는 이렇게 변화를 감지할 수 있는 최소한의 차이를 JND(Just Noticeable Difference, 두 자극 간의 최소한의 차이역)라고 부른다.

시선을 종이 막대 밑부분에 둘 때는 반응할 때 필요한 JND가 커진다. 즉, 종이 막대가 정지했을 때보다 훨씬 많이 움직여도 감지하지 못한다는 뜻이다. 물론, 시선을 천정에 둘 때도 종이 막대의 움직임을 간

파할 때쯤 종이 막대는 이미 손에서 균형을 잃고 떨어지게 된다. 전형적으로 반응이 느리면 종이 막대는 균형을 잃고 떨어진다.

반면, 시선이 막대 상단에 둘 때는 JND가 작아져서 종이 막대가 조금만 움직여도 대응할 수 있다. 즉, 반응이 빨라져서 균형 잡기가 훨씬 수월해진다.

이것이 종이 막대 균형 잡기 게임의 핵심 교훈이다. 뭔가 통제하려고 할 때는 해당 시스템에 맞는 시간의 길이를 선택해야 한다. 너무 짧거나 너무 길면 시스템의 움직임을 만족스럽게 통제할 수 없다.

이제 기후 변화 시스템에 대해 논의해 본다.

다음과 같이 질문한다.

"우리가 이산화탄소 배출량을 줄이는 행동을 지금 한다고 봅시다. 어떤 결과를 기대하시나요?"

생각할 시간을 잠시 준다.

"대기 중에 쌓이거나 바다에 흡수되는 이산화탄소가 감소할 거라고 대답하실 겁니다. 그러면 시간은 어떨까요? 이산화탄소 배출량을 줄이기 위해 오늘 뭔가를 한다면, 풍속, 강우량, 해수면 수위 높이 변화와 이로 인한 폭풍, 범람, 가뭄의 변화를 확인하려면 수십 년이 걸릴 것입니다. 우리는 변화를 직접 확인할 수 있는 데에 관심을 두고 정치적으로 해결하기 어렵거나 불확실한 영역을 피하는 경향이 있습니다."

다음과 같은 질문을 던진다.

"단기적인 시각에서 논의되고 있는 장기적인 기후 변화 정책은 어떤 것이 있나요?"

게임에서 천장에 시선을 두는 것은 '사태를 관망하는 태도' wait-and-see attudute와 비슷하다고 볼 수 있다. 이제 사태를 관망하는 태도의 부정적인 면을 이야기한다.

"찻물을 끓이는 경우에 지연 시간이 짧고 전반적인 시간의 길이가 상대적으로 매우 명확합니다. 찻물을 끓일 때 고려하는 시간의 길이는 아마 5분 정도 될 겁니다. 주전자에 물을 채우고 물을 끓인 다음 맛있는 차를 만들기까지 각각의 행동에 걸리는 시간의 길이는 상대적으로 매우 짧습니다. 하지만, 조사에 따르면 기후 변화를 심각하게 받아들이는 사람 중에서도 많은 이들은 기후 변화가 위험하다는 매우 확실한 증거를 보일 때까지는 굳이 대기 중의 온실가스 농도를 안정시킨다며 급하게 온실가스 배출량을 줄이지 않아도 된다고 생각합니다. 정말 많은 나라의 정치가들은 이산화탄소 배출량을 적극적으로 대폭 줄이는 정책을 세우려면 먼저 기후 변화가 경제에 심각한 영향을 미치고 있다는 것을 신중하게 참고 지켜봐야 한다고 주장합니다."[3]

"이런 식으로 참고 지켜보는 접근 방식은 두 가지 이유로 위험합니다. 첫째, 인간이 배출하는 이산화탄소가 기후에 미치는 영향 사이에 상당한 시간 지연이 있다는 점을 간과하고 있습니다. 둘째, 빙산, 해수면, 기후 패턴, 농산물의 생산성 등에서 변화가 일어나고, 질병이 창궐하고, 멸종

---

3 다음은 일반적인 이런 안이한 태도를 연구한 논문이다. John Sterman and Linda Booth Sweeney, "Understanding Public Complacency about Climate Change: Adult's Mental Models of Climate Change Violate Conservation of Matter," *Climatic Change* 80, 3-4 (2007):213-238.

생물이 늘고 외래종 전파 속도가 빨라지는 것과 같이 기후 변화에 따른 피해가 명백해질 때 행동으로 옮겨도 빨리 되돌릴 수 있다는 전제를 깔고 있습니다."

4.

욕조 게임

욕조 수위를 낮추려면 들어오는 물보다 나가는 물이 많아야만 한다.

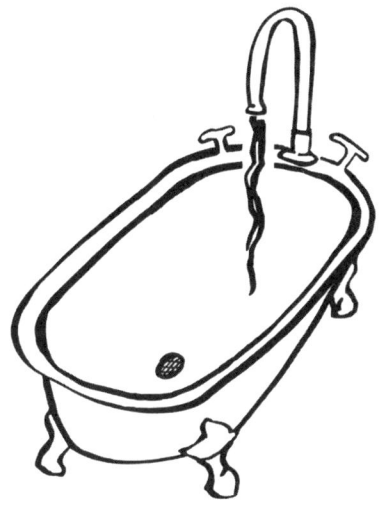

> 생각 열기

많은 사람이 기후가 쉽게 변하지 않는 속성(climate inertia)을 과소평가하고 있다. 정신 모델(mental model[4])에 근본적인 한계가 있기 때문

---

4 (역자 주) 정신 모델(mental model)은 세상이 어떻게 움직이는가에 대한 한 사람의 믿음, 생각, 전제(assumption)를 묶어서 표현한 것이다.

이다. 그 한계는 직관적으로 쌓이는 것(stock)과 흐르는 것(flow)을 제대로 이해하지 못하는데서 생긴다. 한 마디로 설명하자면, 누적의 개념을 제대로 이해할 필요가 있다는 것이다. 이 누적 개념은 질량 에너지 등가의 법칙을 포함하여 주위에서 쉽게 볼 수 있는 모든 현상의 핵심 개념이다.

- 존 스터만, MIT 시스템다이내믹스 그룹 지도교수
& 린다 부스 스위니, 시스템 교육자

온실가스 배출량이 대기 중 온실가스 누적량과 상호작용하는 것을 이해하지 못해서 기후 변화에 대응하는 사회 정책들이 헛수고를 하고 있다.

- 데니스 메도즈, 명예교수이자 시스템다이내믹스의 대가

기후 변화와 연결하기

이 글에서 쌓이는 것, 저량(貯量), 스톡(Stock) 등은 모두 누적의 개념이다. 또한 흐르는것, 유량(流量), 플로우(Flow)는 모두 흐름의 개념으로 사용되고 있다.

기후 변화를 관망하는 태도를 가진 사람들은 기후 변화가 명백하게 위험수준이 되었을 때, 얼마든지 빠르게 해결할 수 있으며 이전 상태로 쉽게 돌아갈 수 있다는 전제를 품고 있다. 그래서 어떤 문제가 명확하게 드러나기 전까지 행동을 미룬다. 이런 태도는 인류가 배출하고 있는 온실가스가 기후에 미치는 영향을 심각하게 왜곡하고 있다. 이런 왜곡과 오해를 이해하기 위해 거대한 욕조를 떠 올리는 것이 도

움이 된다. 욕조로 흘러 들어오는 물이 욕조에서 흘러나가는 물보다 많으면 욕조 속 물은 차오른다. 꼭 명심해야 할 것은 욕조로 물을 들어가게 하는 수도꼭지를 잠가서 흘러 들어오는 물을 줄여도 욕조에서 흘러나가는 물이 상대적으로 적으면 욕조 속 물은 여전히 차오른다는 사실이다. 이와 마찬가지로 대기에 온실가스를 아무리 적게 내보내더라도 그 양이 대기에서 사라지는 온실가스 양보다 많다면, 대기에 누적되는 온실가스는 계속 증가할 것이다.

현재 글로벌 전체 온실가스 배출량은 온실가스 감소량보다 최소 두 배가 많다. 물론, 자연은 생태학적 메커니즘과 지구화학적 메커니즘을 통해 대기에 쌓인 온실가스를 없애거나 흡수한다. 예를 들어 숲과 같은 바이오매스가 이산화탄소를 포집하기도 하고, 바다가 이산화탄소를 흡수하기도 하며, 암석의 풍화될 때 이산화탄소가 사용되기도 한다. 하지만, 쌓여있는 양(대기 중 온실가스)을 줄이려면 흘러 들어오는 양(온실가스 배출량)을 상당히 많이 줄여야 한다. 왜냐하면 흘러 들어오는 양을 줄이면 쌓이는 속도가 느려지는 것일뿐 쌓이는 양이 줄어드는 것은 아니기 때문이다. 따라서 빠져 나가는 양보다 흘러 들어오는 양을 많이 줄여야 한다. 또한 대기 중에 쌓인 온실가스를 많이 줄이려면 수십 년이 걸린다. 그래서 대기에 기후 변화가 눈에 띄게 나타나기 훨씬 이전에 흘러 들어오는 양을 줄이는 노력을 기울였어야 했다.

> 게임에 대하여

이 게임 참가자들은 몸 동작으로 대기 중의 온실가스가 늘어나고 줄어드는 것을 몸소 경험할 수 있다.[5] 이 게임은 선을 그어 만든 커다란 영역을 참가자들이 들락날락하면서 욕조에 물이 들어오고 나가는 것과 같은 변화를 만든다. 그리고 네 차례 진행한 후, 앞으로 이산화탄소 양이 어떻게 변할지 예측해 본다. 이렇게 한 게임 구조가 대기에 있는 이산화탄소가 증가하고 감소하는 구조와 같다는 것을 알고 이를 토대로 바람직한 정책 방향에 대해 생각할 수 있다.

참가자들이 기후 변화 메커니즘을 얼마나 아느냐에 따라 실제 이산화탄소 배출 요인이 무엇인지 논의하거나 대기에 쌓여있는 이산화탄소의 양, 이산화탄소 감소 요인들에 관한 다양한 최신 정보를 제공하고 토론을 진행할 수도 있다.

> 게임 진행

- 인원

  17명

- 소요 시간

  15~30분

- 공간

---

5 이 게임은 Rob Quaden, Alan Ticotsky, Debra Lyneis가 만든 "In and Out Game'을 차용한 것이다. 원문은 다음 링크에서 확인할 수 있다. http://static.clexchange.org/ftp/documents/x-curricular/CC2010-11Shape1InAndOutSF.pdf

16명이 들락날락할 수 있도록 충분히 커야하며 바닥에 넓은 테이프로 한 변이 2.5m인 정사각형을 만든다.

• 준비물

화이트보드나 칠판 또는 이젤 패드, 컬러 마커펜, 넓은 테이프 (로프나 실로 대체 가능)

• 게임 준비

넓은 테이프로 바닥에 큰 사각형 공간을 만든다. 이것이 욕조와 같이 쌓이는 공간이다.

아래 그림처럼 플립 차트 또는 다른 큰 종이에 그래프를 4개 그린다. 각 그래프에 게임 1, 게임 2, 게임 3, 게임 4라고 표시한다.

각각의 세로축에 0에서 20까지 눈금 표시를 한다. 세로축은 '쌓이는 사람 수'를 의미한다.

가로축은 0에서 5까지 눈금 표시를 한다. 가로축은 '회차'를 의미한다.

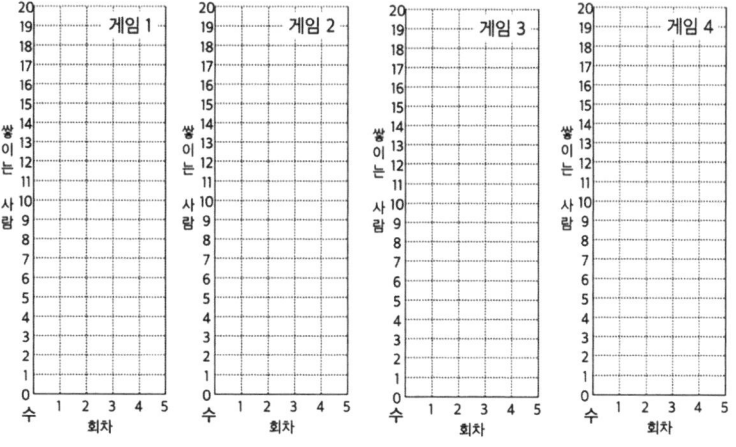

게임 하기

• **1단계:**

여섯 사람을 바닥에 그려진 사각형(욕조) 안에 서 있게 한다. 나머지 사람은 사각형 밖에 서있되 사각형 가까이에 있도록 한다.

사람들에게 설명한다.

"욕조 안에 있는 사람들은 대기에 쌓여 있는 이산화탄소입니다. 욕조에 들어오는 사람은 이산화탄소 배출량이 되고 욕조에서 나가는 사람은 바이오매스나 바다로 사라지는 이산화탄소 양을 의미합니다."

"모두 4종류 게임을 합니다. 첫 번째 게임에서는 매번 두 사람씩 들어오고 나가는 사람이 없게 할 것입니다. 이렇게 다섯 번 합니다."

• **2단계:**

자원자를 받는다.

"게임 결과를 그래프에 표시할 도우미가 필요합니다. 누가 해볼까요?"

이 자원자는 첫 번째 게임을 다섯 번 하는 동안 욕조 안에 있는 사람 수가 어떻게 변하는지 기록하게 될 것이다. 이제 플립 차트를 청중에게 잘 보이게 돌려놓는다.

"첫 번째 게임을 하기 전에 같이 예상해볼까요? 주위 사람과 이야기하지 말고 각자 결과를 미리 생각해 봅시다. 욕조 안 사람 수는 어떻게 될까요? 나가는 사람보다 들어오는 사람이 많으면 욕조 안 사람 수는 증가할까요? 감소할까요? 그대로일까요?"

- **3단계:**

"이제 첫 번째 게임을 해 봅시다."

첫 번째 게임을 진행한다. 두 사람이 들어오는데 나가는 사람은 없다. 이것을 다섯 번 반복한다.

잠시 멈추고 청중에게 질문한다.

"어떤 변화가 일어나고 있나요?"

몇 사람에게 자신들이 예상했던 결과를 발표하도록 유도한다. 다섯 번 반복한 결과 욕조 안에 있어야 할 사람은 16명이다.

게임 하기전에 예상하게 하고 게임을 진행한 뒤 결과를 비교해 보는 절차를 반복한다. 두 번째 게임은 규칙을 약간 바꾼다. 처음 욕조 안에 있는 사람의 수는 같지만 들락날락하는 사람의 수는 달라진다.

두 번째 게임에서는 처음 2회차까지는 2명이 들어오고 나가는 사람은 없다. 나머지 3회차에서 5회차 동안은 한 사람씩만 들어간다. 여전히 매회 나가는 사람은 없다.

세 번째 게임에서는 5번 모두 2명 씩 들어오고 2명 씩 나온다.

네 번째 게임에서는 1회차에 2명이 들어오고 2회차에 1명이 들어오는데, 나머지 3회차~5회차에 들어오는 사람은 없다. 나가는 사람은 매번 1명 씩 있다.

하나의 게임을 마무리할 때 첫 번째 게임에서처럼 청중들에게 예상한 결과를 질문하고 정답과 비교한다. 각 게임 결과는 다음과 같이 정리할 수 있다.

첫 번째 게임

흘러 들어오는 양이 흘러나가는 양보다 크면 욕조 속 물은 계속 차오른다. 욕조 안에 6명이 있는 상태에서 시작했고 매번 2명 씩 들어오고 나가는 사람은 없었으니 욕조 안에 있는 사람 수는 6→8→10→12→14→16명으로 증가한다.

게임종류	회차	들어오는 사람 수	나가는 사람수	욕조 안 사람 수
첫 번째	1	2	0	8
	2	2	0	10
	3	2	0	12
	4	2	0	14
	5	2	0	16

두 번째 게임:

욕조에 흘러 들어오는 양이 줄어들어도 흘러나가는 양보다 크다면 여전히 욕조의 물은 계속 오른다. 욕조 안에 6명이 있는 상태에서 시작했고, 처음 두 번은 2명이 들어갔지만, 나머지 세 번은 1명씩 들어갔다. 매번 빠져나간 사람은 없다. 따라서 욕조 안에 있는 사람 수는 6→8→10→11→12→13명으로 증가한다.

게임종류	회차	들어오는 사람 수	나가는 사람수	욕조 안 사람 수
두 번째	1	2	0	8
	2	2	0	10
	3	1	0	11
	4	1	0	12
	5	1	0	13

세 번째 게임:

욕조에 흘러 들어오는 양과 흘러나가는 양이 같으면 욕조의 물의 양은 안 변한다. 욕조 안에 6명으로 시작했고 매번 들어오는 사람 수가 2명 나가는 사람의 수가 2명이다. 따라서 욕조 안에 있는 사람의 수는 매번 6명으로 같다.

게임종류	회차	들어오는 사람 수	나가는 사람수	욕조 안 사람 수
세 번째	1	2	2	6
	2	2	2	6
	3	2	2	6
	4	2	2	6
	5	2	2	6

네 번째 게임:

욕조에 흘러 들어오는 양이 점점 줄어들어 0이 되어도 오랜 시간 동안 욕조 속 물의 양이 유지될 수 있다. 욕조 안에 6명이 있는 상태에서 시작했고 매번 들어오는 사람 수가 2명, 1명, 0명, 0명, 0명으로 줄어들었고, 빠져나가는 사람 수는 매번 1명이었다. 따라서 욕조에 있는 사람 수는 6→7→7→6→5→4명이다.

게임종류	회차	들어오는 사람 수	나가는 사람수	욕조 안 사람 수
네 번째	1	2	1	7
	2	1	1	7
	3	0	1	6
	4	0	1	5
	5	0	1	4

다음과 같이 설명한다.

"여러분은 방금 다양한 시스템에 적용할 수 있는 저량(貯量)/유량(流量) 구조를 경험했습니다. 저량은 쌓이는 양이고 유량은 저량에 영향을 주도록 흘러 들어오고 흘러나가는 양입니다. 숲 속 나무, 바다 속 물고기, 창고 속 제품들처럼 시간에 따라 그 쌓이는 양이 증가하고 줄어들고 하는 것이 저량(貯量)입니다. 저량은 오직 유량에 의해서만 영향을 받아서 변합니다. 이 게임은 단순하지만 우리는 이로부터 기후 변화의 역동성을 설명할 수 있는 매우 중요한 시사점을 얻을 수 있습니다.

주의점 : 대기 중 온실가스양이 온실가스가 사라지는 양에 영향을 준다. 온실가스가 사라지면 대기 중의 온실가스도 줄어들지만 대기 중 온실가스가 많으면 많을수록 사라지는 양도 달라진다. 즉, 이 둘은 서로 영향을 주고받는 순환(피드백) 관계이다. 아쉽지만 이 게임에서는 핵심 내용을 단순하게 전달하기 위해서 이 순환 관계를 생략했다.

> 게임 정리

다음 질문을 하며 마무리를 한다.

"욕조의 모습(구조)과 대기의 모습(구조)이 어떤 점에서 비슷한가요?"

"대기에 이산화탄소와 온실가스가 쌓이는 원리와 욕조 속 물이 차오르는 원리가 같다고 생각하나요? 맞습니다."

"기후 학자들은 대부분 인간의 활동이 만들어내는 온실가스가 자연이 저절로 없애는 양보다 거의 두 배가 된다고 합니다. 욕조에 들어오는 물의 양이 흘러나가는 물의 양보다 두 배가 된다는 뜻입니다."

"자연이 흡수하는 수준보다 많은 양의 온실가스가 이미 배출되고 있다면 배출량을 조금 줄인다고 해도 대기 중 온실가스양은 줄어들지 않고 오히려 늘어납니다."

"어느 기후 관련 정책이 기후 변화를 누그러뜨리려 온실가스 배출량이 줄었다고 해도 자연적으로 감소하는 양보다 많다면, 대기 중 온실가스양은 계속 늘어나고 있는 것입니다."

게임 정리를 하면서 현재 대기 중 온실가스양과 온실가스 배출량에 대한 데이터, 그리고 몇 가지 온실가스 배출량을 줄이는 정책을 소개하면서 어떤 관계가 있는지 생각해 보도록 유도하면 좋다. 전문가들은 대부분 국가에서 펼치는 온실가스 배출량 감축 정책은 대기 중의 온실가스양을 줄이기에 부족하다고 보고 있다.

5. 생물 다양성 게임

하나를 변화시키면 하나만 변하지 않는다.

> **생각 열기**

오늘날 대기와, 물, 그 안에서 생물 다양성이 풍부한 생명체가 서로 엮여 있는 자연이 전면적으로 공격을 받고 있는데 그 영향이 어디까지 미칠지 제대로 이해하는 과학자는 없다.

- 웨일스 공 찰스, 영국 왕세자

전 세계 64,000종 중 20,000종이 멸종 위기에 처해 있다.

- 국제자연보전연맹 2012년 적색목록

파괴하는 것은 잠시지만 복구하는 것은 수년이 걸린다.

- 스웨덴 속담

기후 변화와 연결하기

생물 다양성 분야는 밝혀진 것이 많이 없지만, 지구상에 있는 종들이 매우 빠른 속도로 사라지고 있다는 것은 잘 알려진 사실이다. 그리고 기후 변화의 속도가 빨라지는 것이 멸종 속도를 높이는 주요 요인이라고 받아들여지고 있다. 기후 변화가 광범위하게 생물 다양성에 영향을 미치고 있다. 동물들은 제각기 특정 온도 범위와 강수량에 적응하고 있다. 이런 환경이 변하면 서식지 적합도에 큰 변화가 생기기 마련이다. 그런데 살기 힘들어진 서식지에서 살기 좋은 곳으로 재빨리 옮기지 못하기 때문에 멸종 위기에서 벗어나기가 갈수록 어려워질 것이다. 극단적인 예를 들어보자. 기온이 올라갈수록 종들은 점점 산의 더 높은 고지로 이동할 것이다. 그러다가 산 정상에 이르면 기온 상승을 피해갈 곳이 없게 되고 결국 굶어 죽게 된다. 유랑 농법(shifting cultivation)은 야생종들이 여유롭게 사는 지역에 인간이 들어간다는 것을 의미한다. 결국 야생종들이 밀려난다. 해충과 포식자들도 기후 변화와 인간 때문에 새로운 지역으로 밀려나는데 그 지역의 종들은 이들을 방어할 능력이 없기 때문에 무방비 상태가 된다.

각종은 다른 종에 의지해서 음식, 수분(pollination), 쉼터, 포식자 방어, 기타 다양한 문제를 해결한다. 그래서 한 종이 사라지면 우리가 예측할 수 없는 방식으로 다른 종에 영향을 미칠 것이다.

> 게임에 대하여

이 게임[6]은 생태계에서 생물은 홀로 살 수 없다는 것을 잘 드러내 준다. 어느 종이 사라지면 어울려 살고 있던 다른 종도 곧 사라질 것이다. 이 게임은 큰 정삼각형과 이 정삼각형을 같은 크기로 나눈 9개의 작은 정삼각형으로 하는 놀이다. 이 도형에서 찾을 수 있는 정삼각형은 13개다.

모둠 정삼각형

13개의 크고 작은 정삼각형은 종 다양성을 의미한다. 서로 의존하는 생명체들이 상호작용하는 모습과 똑같지는 않지만, 삼각형이 면을 맞대고 있는 것이 생명체들이 서로 의존하며 상호작용하고 있다는 것을 의미한다. 작은 삼각형을 뺄 때 나타나는 변화가 미래 종 다양성 변화와 어떤 관계가 있는지 자세히 설명하지는 않는다. 하지만, 여기서 딱 하나 중요한 교훈을 얻는다. 한 종이 사라지면(원인) 생태계에 그만큼만 비례해서 영향(결과)을 미치는 것이 아니다. 이런 관계를 비선형 관

---

6 이 게임은 새로 개발되어 추가된 것이다. 저자인 데니스 메도즈가 2009년 헝가리에서 개최한 생태계와 기후변화와의 관계에 관한 전문가 토론회 연설을 위해 만들었다.

계라고 한다. 멸종 과정이 비선형으로 나타난다는 점을 다양한 사례로 확대해서 활발하게 토론할 수 있다.

게임 진행

- **인원**

  몇천 명이라도 같이 참여할 수 있다. 시간이 충분히 있고 인원이 적으면 위와 같은 모둠 정삼각형이 그려진 종이를 나눠주고 선분 하나가 사라질 때 어떤 변화가 생기는지 스스로 확인하도록 할 수 있다. 인원이 많고 시간이 넉넉하지 않으면 화면을 보면서 질의응답으로 진행할 수도 있다. 이럴 때는 진행자가 던지는 질문에 생각할 시간을 주도록 배려해야 한다.

- **소요 시간**

  몇 분에서 20분까지 다양하게 진행할 수 있다.

- **공간**

  모두 편히 앉아서 진행자를 보고 들을 수 있으면 된다.

- **준비물**

  인원이 적은 경우 개별 필기구류와 모둠 정삼각형이 그려진 종이

  인원이 많은 경우 큰 화면과 모둠 정삼각형 그림

- **게임 준비**

  그리거나 출력하거나 그 어떤 형태로든 모둠 정삼각형을 보여주면 된다. 단계별 정삼각형의 변화를 슬라이드로 보여주는 것이 가장 간단한 방법이다.

> 게임 하기

이 게임의 진짜 목적을 숨기고 진행한다. 참가자 전원이 충분히 생각할 시간을 갖고 진행자가 던진 질문에 답하는 것이 중요하다.

• 1단계:

　플립차트나 빔프로젝터를 통해 모둠 정삼각형을 보여준다.

　"이 도형을 보세요. 9개의 작은 정삼각형을 연결해보니 몇 개의 정삼각형이 만들어졌나요?"

　참가자 전원이 정확한 정삼각형 개수를 찾아야 한다고 강조한다.

　"이 도형은 정삼각형 13개가 있습니다. 작은 정삼각형 9개와 중간 크기 정삼각형 3개, 그리고 전체를 감싸는 정삼각형이 있습니다."

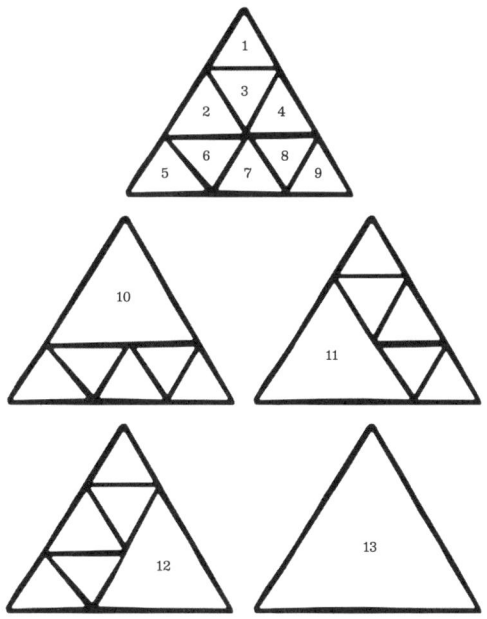

5. 생물 다양성 게임　71

• **2단계:**

"작은 정삼각형 하나를 빼면 정삼각형 몇 개가 남나요?"

2분 정도 생각할 시간을 준다.

"이제 아시겠지만, 아무리 작아도 정삼각형 하나만 사라지면 그걸로 끝난 것이 아닙니다. 13개 정삼각형은 서로 면으로 연결되었기 때문에 하나가 사라지면 3~4개가 같이 사라집니다. 덩달아 사라지는 삼각형 개수는 처음에 어떤 것을 빼느냐에 따라 달라집니다. 그래서 결국 하나를 빼면 6~7개의 정삼각형이 남게 됩니다."

정답풀이

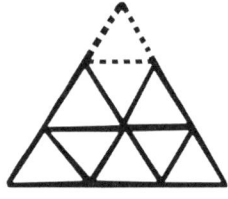
1번 정삼각형이 빠지면 남는 정삼각형은 다음과 같다. (2, 4, 5, 6, 7, 8, 9, 11, 12)

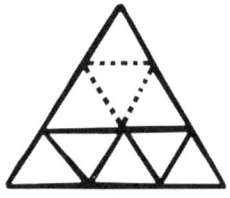
3번 정삼각형이 빠지면 남는 정삼각형은 다음과 같다. (5, 6, 7, 8, 9, 10, 13)

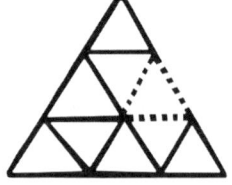
4번 정삼각형이 빠지면 남는정삼각형은 다음과 같다. (1, 2, 5, 6, 7, 9, 11)

> 게임 정리

질문을 던지면서 시작한다.

정삼각형은 서로 면을 맞대고 연결되어 있기 때문에 하나만 사라진다고 그 하나만 사라지는 것이 아니다. 하나를 빼면 면을 맞대고 있는 다른 정삼각형 세 개에서 다섯 개가 사라진다. 마찬가지로 생태계에서 하나의 종이 사라지면 다른 여러 종이 덩달아 사라질 수밖에 없다. 정리하면서 활용할 수 있는 질문들이다.

- 기후 변화는 어떤 방식으로 여러 생명체를 멸종시키는가?
- 어떤 종이 이런 방식으로 멸종 위기에 있나?
- 어느 한 종이 제거되면 어떤 방식으로 다른 종을 위협하나?
- 기후 변화 속도가 빨라지고 있는 요즘 같은 시기에 멸종 위기를 벗어날 방법은 무엇인가?

6.
머리 위로 원 그리기 게임

복잡한 시스템에서는 관점이 행동에 영향을 미친다.

생각 열기

기후 변화를 짐이 아니라 기회로 볼 수 있도록 관점을 바꿀 필요가 있다. 이것이 친환경 성장의 열쇠다.

— 토마스 헬러, 국제법 전문가

몇몇 나라는 큰 고깃배들이 월척을 낚으려고 서로 아귀다툼하는 것 같다. 이러다가는 배가 바다에 잠기고 모두 물에 빠질 것이다. 다음 단계는 살아남으려고 싸우게 될 것이다. 점점 해안가에서 멀어지고 거친 바다를 만나면서 서로 의지할 필요가 있는데도 말이다.

– 줄리 바너스, '경이로운 씨앗 재단' 설립자

기후 변화와 연결하기

복잡계 문제에서는 자신의 처지에서 바라보기 때문에 마치 자신은 외부인인 양 행동하며 남 탓하는 경향이 있다. 기후 변화 문제도 마찬가지다. 머리 위로 원 그리기 게임은 기후 변화를 바라보는 관점이 사람마다 매우 다르다는 것을 체험할 수 있는 최고의 게임이다. 과학자들은 이산화탄소 배출량을 시급히 줄여야 한다고 주장하는데 일반인들은 기후 변화를 얼마든지 되돌릴 수 있다고 믿는다. 그래서 굳이 시급하게 행동할 필요가 없다고 말하고 있다. 전혀 다른 견해다. 환경 운동가들은 구체적으로 누가 무엇을 해야 한다고 강력하게 주장하지만, 정부와 기업, 지구의 북반구와 남반부, 이런저런 나라들이 행동하는 것을 보면 범지구적으로 협력해야 한다는 주장에 전혀 다른 생각을 하는 것 같다.

이 게임을 통해 알 수 있는 것은 복잡하게 연결된 시스템에서는 관점에 따라 이 시스템을 대하는 행동이 달라진다는 점이다. 즐겁게 게임을 하는 말미에 깊이 성찰하게 되는 묘한 게임이다.

게임에 대하여

이 게임은 개인, 집단, 조직, 더 나아가 국가 단위로 확대하여 해석할 수 있다. 자신을 시스템 외부인으로 여기고 자신은 문제와 상관없다며 문제의 원인을 시스템 밖 그 어딘가에서 찾으려는 성향을 적나라하게 보여준다. 같은 시스템에 있는데도 사람들의 관점이 매우 다를 수 있다는 점을 잘 보여 주고 있다. 그래서 관점을 바꾼다면 얼마든지 새로운 지렛대 중심을 찾을 수 있다는 성찰을 일깨워 준다.
기후 변화와 접목했을 때 다음과 같은 효과를 얻을 수 있다.

- "적은 외부 어딘가에 있다." 신드롬을 깨닫게 된다.
- 기후 변화를 둘러싼 다양한 관점이 있고 그 관점은 입장의 차이에서 생긴다는 것을 알게 된다.
- 눈에 안 보이는 구조에 대한 토론을 유도할 수 있다.

게임 진행

- **인원**

  인원수와 상관없이 진행할 수 있다. 심지어 앉거나 선 상태에서도 가능하다.

- **소요 시간**

  게임 정리에 따라 짧게는 2분에서 길게는 10분까지도 사용할 수 있다.

- **공간**

    자신의 손가락을 머리 위로 올렸을 때 볼 수 있는 공간이면 어디든 괜찮다.

- **준비물**

    없음

- **게임 준비**

    없음

게임 하기

- **1단계:**

    참석자들에게 손가락 하나를 머리 위로 올려서 하늘을 향하도록 부탁한다.

- **2단계:**

    허공에서 시계 방향으로 돌리라고 말한다. 이때 주의할 점은 손가락은 계속 하늘을 향해야 한다는 점이다. 진행자가 시범을 보여 준다.

    "손가락을 하늘을 향한 채 손을 시계 방향으로 돌리는 것이 핵심입니다. 절대로 방향을 바꾸지 말고 계속 돌려야 합니다."

    손가락 끝은 보면서 시계 방향으로 돌리라고 안내한다.

- **3단계:**

    "이제 손가락을 계속 시계 방향으로 돌리면서 천천히 얼굴 앞까지 내립니다. 이때 얼굴에서 5~10cm 정도 떨어지면 좋습니다."

    참석자들이 잘 따라 하는 지 확인하고 계속 말한다.

    "계속 돌리면서 천천히 내립니다. 그래서 허리까지 내려 보겠습니다. 그러면 원 위에서 내려다보게 될 겁니다. 맞나요? 손을 계속 돌리고 손가락을 지켜보십시오."

- **4단계:**

    참석자들에게 질문한다.

    "손이 무슨 방향으로 돌고 있나요?" 분명히 손은 시계 반대 방향으로 돌고 있을 것이다.

> **주의점** : 진행자가 계속 원을 그려달라고 하지만 몇몇 사람들은 손을 점차로 내릴 때 직선으로 앞뒤를 오가며 손을 빨리 움직이기 때문에 모양새가 원이 아닐 수 있다. 이럴 때는 다시 시작하면 되는데 손을 내리기 전에 천정을 향해 원을 그려보는 연습을 좀 더 시켜본다. 그리고 팔을 내릴 때 무의식적으로 원의 방향을 바꾸는 경우를 보게 된다. 이럴 때는 어쩔 수 없이 진행자가 시범을 보여주면서 안내한다. 특히 원을 그리면서 손을 내릴 때 팔뚝이 얼굴 밑으로 내려가도 원 모양이 유지되는 것을 잘 보여줘야 한다.

> 게임 정리

"어떻게 된 건가요?"라며 가볍게 질문하면서 시작하자. 그러면 반응은 다양할 것이다. 익살스럽게 "날 속였다."라는 반응에서부터 깊은 성찰에서 나오는 "내 관점이 바뀌었다."라는 반응까지 나온다. 참석자들은 여러 번 반복해서 시도하면서 점차 바뀐 것은 손가락의 방향이 아니라 자신의 관점이라는 점을 깨닫게 된다. 게임 마무리는 어떤 식으로든 연결할 수 있다. 사람들이 놀라고 감탄하는 순간에 주목하자. 이 분위기를 바로 토론으로 이어서 관점 바꾸기가 기후 변화와 같은 복잡계 문제를 이해하기 위해 중요하다는 점을 공유한다.

게임 마무리를 진행할 때 다음 질문들은 도움이 될 것이다.

- 결과를 보고 처음에는 어떻게 반응하셨나요?
- 진행자가 "어떻게 된 건가요."라고 질문했을 때 본인이 표현한 것을 기억하시나요?
- 게임 결과에 즉각적으로 반응한 것을 기억하십시오. 그 이유가 뭘까요? 우리가 어떤 가설을 만드는 과정과 연관이 있을까요? 또는 우리가 뭔가 놀랄 상황에 부닥쳤을 때 보이는 반응도 비슷한 이유일까요?
- 기후 변화와 어떤 관련이 있을까요?
- "우리는 모두 기후 변화 시스템을 한가지 관점에서 바라보고 있다."는 말을 어떻게 생각하시나요? 다양한 관점에서 기후 변화 시스템을 보는 방법은 무엇일까요?

이 게임을 활용해서 한 집단 내에서 다양한 관점이 있다는 것을 환기할 수 있다.

손가락을 하늘을 향해 치켜세우며 다음과 같이 말한다.

> "시계 방향은 엄청난 양의 이산화탄소를 배출하고 있는 나라와 기후 변화를 바라보는 그 나라의 관점을 나타냅니다."

이제 손가락을 낮추면서 말한다.

> "반 시계 방향은 기후 변화에 대응해야 한다는 메시지를 발신하고 기후 변화에 대한 토론을 유도하는 나라를 대변합니다."

또는 이렇게 할 수도 있다.

손가락을 하늘을 향해 치켜세우며 다음과 같이 말한다.

> "과학자들은 이산화탄소 배출을 지금 당장 줄여야 한다고 주장합니다."

이제 손가락을 낮추면서 말한다.

> "일반 대중의 눈높이에서는 어떤 조치도 필요하지 않은 것처럼 보입니다. 기술 발전으로 기후 변화의 피해는 훨씬 늦게 나타날 것이고 오히려 기후 변화의 충격을 되돌릴 수 있다고 생각하니까 말입니다."

기후 변화 시스템의 구조는 같다. 달라진 것은 이 시스템을 바라보는 관점일 뿐이다.

시스템다이내믹스 학자이자 작가인 도넬라 메도즈 박사가 다음과 같은 말을 했다. 이 내용은 관점의 차이를 돌아보게 하고 뜨겁게 토론할 수 있는 화두를 던진다. 물론 기후 변화와 연결해서 생각해 볼 수 있다.

> "세상을 보는 어떤 관점이 광범위하게 받아들여지면 제도, 기술, 생산 시스템, 건축물, 도시 등 다양한 사회 시스템이 그 관점을 둘러싸 그 관점을

더욱 강하게 합니다. 과연 어떤 식으로 전개될까요? 시스템이 문화를 어떤 방식으로 만들까요? 문화는 또 시스템을 어떤 방식으로 만들까요?"[7]

---

7 출처는 다음과 같다. Donella Meadows, *Thinking in Systems* (White River Junction, VT: Chelsea Green, 2008).

7.
프레임 게임

동의를 얻으려면 어떤 생각의 틀을 쓰고 있는지
정확히 알아야 한다.

> 생각 열기

만약 까다롭고 잘 모르는 길을 가고 있고 하필이면 그 길이 꾸불꾸불하고 깜짝 놀라게 하는 장애물이 곳곳에 있다면 바보가 아니고서야 땅만 바라보며 걷지는 않을 것이다. 하지만, 저 멀리만 바라보고 발밑에서 일어나는 일을 바로바로 알아채지 못한다면 똑같이 바보라고 할 수 있다. 시스템을 바라볼 때도 마찬가지다. 가깝게 보고 멀리 바라보는 것을 동시에 해야 한다.

− 도넬라 메도즈, 환경 지도자

때때로 나는 사진을 찍을 때 가끔은 덮개 천을 벗고 뷰파인더 프레임 경계면을 살펴본다. 내가 보지 못한 것이 있어서 사진기 위치를 옮겨야 하는 것은 아닌지 확인하기 위해서다.

− 존 섹스턴, 사진작가

창밖에는 창문을 통해 보는 빛보다 더 많은 빛이 있다.

− 러시아 속담

기후 변화와 연결하기

이슬람교 수피(Sufi)파의 현자 나스레딘(Nasreddin)은 재미있는 일화와 민담으로 유명하다. 나스레딘에 관한 한 일화 중 하나다. 나스레딘이 지저분한 거리에 있는 가로등 기둥 밑에서 가로등 불빛에 의지해서 뭔가를 열심히 찾고 있었다. 친절한 이웃이 다가가서 물어봤다.

"선생님, 뭘 잃어버렸습니까?"

나스레딘이 답하기를,

"키를 잃어버렸어요."

이웃은 착한 사람이어서 같이 무릎을 굽혀서 손으로 바닥을 휘저으며 키 찾는 것을 도왔다. 한참 뒤에 이웃이 나스레딘에게 물어보았다.

"선생님, 이 길에서 잃어버린 것이 맞나요?"

나스레딘은 뜻밖의 말을 했다.

"아닙니다. 집에서 잃어버렸습니다."

황당한 이웃은 되물었다.

"집에서 잃어버렸다면 왜 가로등 밑에서 찾고 있나요?"

나스레딘은,

"빛이 여기가 더 환해서요."라고 답했다.

나스레딘처럼 우리는 종종 '불빛이 더 밝은 장소'를 찾는다. 문제가 있을 때 그 원인을 가장 쉽게 얻을 수 있는 데이터에서 찾아보기 때문이다. 이런 모습을 시스템사고로 표현하면 문제의 원인을 상관관계에서 찾는다고 말한다. 상관관계는 문제의 증상과 시간과 공간이 비슷하다는 특징이 있다. 하지만, 문제를 더 어렵게 만드는 원인은 멀리 떨어진 장소에서 시간도 한참 전에 일어난 것이다.

기후 변화가 이런 특징을 잘 말해주고 있다. 한 대륙에서 배출되는 온실가스가 다른 대륙의 기후 패턴에 큰 영향을 미칠 수 있다는 것은 주지의 사실이다. 그래서 전 세계가 중국, 인도, 독일, 미국과 같은 나라들이 대규모 화력 발전소를 증설하는 것을 염려하고 있다. 그런데 복잡계에는 다양한 지연 효과가 있기 때문에 수십 년 뒤에 일어날 좋은 변화를 위해 지금 뭔가 해야 한다고 설득하기란 매우 어렵다.

이산화탄소 배출과 기후 변화 사이의 인과관계 연결 고리는 길고 지연 효과로 가득 채워져 있다. 내일 당장 전 세계 국가가 이산화탄소 배출을 중지한다고 해도 지구 전체의 평균 기온은 계속 상승할 것이다. 그것도 수십 년 동안, 어쩌면 수백 년 동안 지속할 것이다. 이미 인류가 이전에 배출한 이산화탄소가 영향을 미치고 있기 때문이다. 따라서 미래를 위해 필요한 조치를 취하려면 익숙한 시간의 길이보다 훨씬 더 먼 시간을 염두에 두어야 한다.

하지만, 이 역시 어렵다. 새로운 접근 방식이나 정책을 정하는 기준을 '빛이 더 밝게 비추는 것'에 맞추려고 하는데 그 이유는 바로 '여기'에 '곧' 혜택이 나타나는 정책을 선호하기 때문이다. 안타깝지만 기후에 영향을 끼칠 정도로 중요한 행동을 하더라도 보통 그 결과는 한참 멀리 떨어진 곳에 나타날뿐더러 몇 년 뒤 또는 수십 년 뒤에 일어난다. 이산화탄소 배출을 둘러싼 정책 논쟁, 석유 매장량 시추에 관한 정책 논쟁, 멸종 위기종 보호를 둘러싼 논쟁에서 시간과 장소에 따른 지연 효과에 관한 관점의 차이가 잘 드러난다.

게임에 대하여

기후 변화의 위험을 이해하고 좀 더 효과적인 해결책을 찾으려면 의식적으로 열심히 딜레마의 프레임을 다시 설정하고 딜레마의 경계를 다시 정의하는 것이 매우 중요하다. 첫 번째로 넘어야 할 산은 문제를 어떤 프레임으로 바라보고 있는지 까마득히 모르고 있다는 점이다. 어떤 프레임으로 이슈를 다루고 있는지 모른다면 프레임을 바꾸기 어렵다. 압박을 받는 상태에서는 현재의 프레임으로 보이는 것에 집중하게 되고 프레임 자체에 관심을 덜 두게 된다.

이 게임은 프레임이 보여 주는 것보다는 우리 스스로 프레임을 어떻게 만드는지를 집중 조명한다. 또한 문제를 정의하고 해결책을 찾으려고 할 때 프레임, 즉 선택한 관점이 어떤 영향을 미치는지를 잘 보여준다. 그래서 참석자들이 문제가 많은 시스템의 변화를 분석할 때나 바람직한 시스템을 디자인할 때 다른 관점을 가져야 한다는 점을 깨닫게 해 준다. 이 게임을 통해 지성을 갖췄고 좋은 일을 하려는 사람일지라도 기후 변화에 관해서 정반대의 견해를 가질 수 있다는 점을 알게 된다. 한쪽은 기후 변화를 심각하게 받아들이고 있고 다른 한쪽은 심지어 기후 변화가 존재하지도 않다고 생각한다.

역설적으로 이 게임을 통해 문제를 정의하거나 해결책을 만들 때 다른 시간의 길이를 모두 고려하는 열린 생각을 하게 된다. 그래서 해결하려는 문제와 목적을 명확하게 정의하는 것이 필요하고 자기 생각이 다른 사람과 같지 않을 수 있을뿐더러 가장 도움이 되는 것이 아닐 수 있다는 점을 기꺼이 받아들이게 된다.

대부분 사회는 현실을 바라보는 몇 개의 프레임이 있다. 종교, 경제 이론, 자연 과학, 정치 이데올로기와 같은 것들이다. 이런 것들이 패러다임이다. 패러다임은 필터 역할을 하면서 사람의 관심을 특정 형태의 데이터에 쏠리게 하고 미리 특정 인과관계나 이론을 염두에 두게 하고 현재 알려진 문제와 정치에 집중하게 한다. 모든 패러다임에는 다음 세 가지 핵심적인 특징이 있다.

1. 암묵적인 시간 길이. 어떤 이슈에 관한 정보를 다룰 때 관심을 두는 시간의 길이다.
2. 지정학 경계. 어떤 정책 대안을 모색할 때 대가를 치르는 지역과 혜택을 보는 지역이다.

> 3. 당연하게 중요하다고 여기는 영향 연결 고리. 예를 들어 많은 경제학자는 자신들이 지지하는 정책을 설명하면서 환경으로부터 영향이 돌아오는 것을 무시한다. 많은 환경 운동가는 자신의 견해를 설명하면서 시장 가격 시스템으로부터 돌아오는 영향을 무시한다.

문제 해결 과정에서 보통 가장 적합한 프레임을 고려하지 않는다. 미국항공우주국(NASA)이 수년 전에 했던 실험이 좋은 예다. 1978년에 미국항공우주국은 님부스 7(Nimbus-7) 위성을 성층권에 띄워서 대기 변화에 관한 중요한 정보를 오랫동안 수집하려고 했다. 하지만, 이 실험을 디자인한 사람들은 자신들의 패러다임을 검증하지 않고 당연시했다. 오존 농도는 변할 리가 없다고 믿었기 때문에 오존 농도를 측정할 생각을 안 한 것이다. 그래서 위성에 탑재한 컴퓨터는 오존 수준에 대한 정보를 무시했다. 결국 위성은 오존 농도 변화를 기록할 수 있었지만, 활동 초기에 관련 정보를 미국항공우주국으로 전송하지 않았다. 만일 당시 연구자들이 다른 패러다임으로 프로그램했더라면 염화탄화수소 물질이 지구의 오존층에 심각한 피해를 주고 있다는 정보를 훨씬 일찍 받았을 것이다.[8]

프레임은 급변하는 세상에서 더욱 중요하다. 상황에 따라 프레임을 바꿀 수 있게 훈련하지 않으면 이전 프레임을 알게 모르게 계속 유지

---

8   출처는 다음과 같다. Paul Brodeur, "Annals of Chemistry: In the Face of Doubt," *New Yorker*, June 9, 1986, 71.

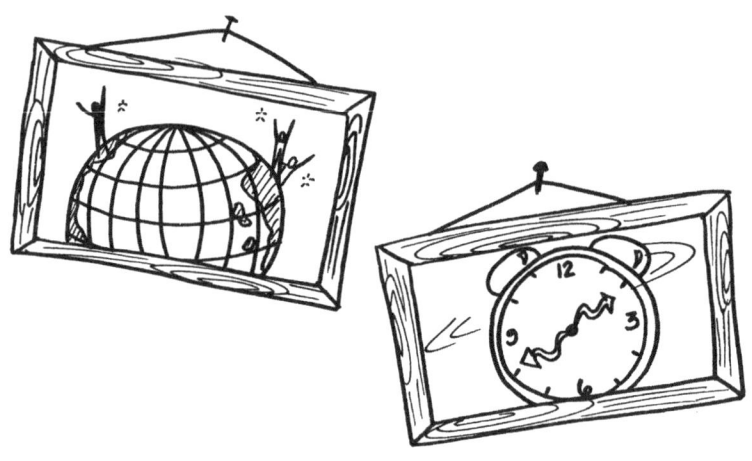

하게 되고 심지어 더는 쓸모없이 되어도 계속 사용하게 된다. 행정 정책학 교수인 조지 리처드슨은 기후 변화 관련해서 특별히 주목해야 할 두 가지 프레임(경계)을 제시했다. 지리 또는 공간 프레임과 시간 프레임이다.

1. **지리 또는 공간 프레임:**

    이 경계는 영향의 범위를 의미한다. 우리 생각에 우리의 행동이 영향을 끼칠 수 있다고 믿는 사람들의 범위, 조직의 범위, 자연 시스템의 범위를 말한다. 우리가 좁은 공간 프레임에 있다면 우리 뒷마당에서 영향을 줄 행동에 관심을 보이지 '저 멀리'에 영향을 미칠 수 있는 행동에는 관심을 두지 않게 된다. 몇몇 나라는 기후 변화 덕을 보고 있다고 믿기 때문에 기후 변화를 막는 국제 활동에 반대한다. 이들 나라는 자국의 정책이 국경 너머로 어떤 악영향을 미치는지 관심 없는 지역 프레임에 갇혀있다.

2. 시간 프레임:

이 경계는 영향이 미치는 시간의 길이를 의미한다. 시간 프레임은 우리가 고려하는 어떤 정책이 얼마나 오래 대가를 요구하고 얼마나 오래 혜택을 줄지를 정해 준다. 한 시간, 일주일, 일 년, 십 년, 백 년 다양하게 정할 수 있다. 대부분 사람은 자신의 눈으로 확인할 수 있는 시간의 길이보다 훨씬 뒤에 나타나는 비용과 혜택에 관해서는 관심이 없다. 경제학자들이 만든 '할인율' 개념은 현재 누리는 혜택을 강조하면서 미래에 내야 할 비용을 평가절하한다. 할인율이 높다면 몇 년보다 훨씬 더 늦게 미래에 나타날 영향을 무시할 것이다.

이 시간 프레임은 임기가 짧은 선출직 공무원에게 명백하게 치명적인 영향을 끼친다. 그리고 그 피해는 모두를 힘들게 한다. 만약 사람들이 자신들이 배출하는 온실가스가 끼치는 영향을 개인이 직접 느낄 수 있다면 온실가스 배출량을 줄이는 활동에 동참할 것이다. 하지만 온실가스만 하더라도 대기에 미치는 영향은 몇십 년 후 미래의 일이기 때문에 대부분 사람은 그 영향을 무시하고 현재 삶의 즐거움을 직접 누리는 것은 선택한다. 기후 변화를 부채질하는 모든 중요한 활동들은 최소한 몇몇 사람이나 조직에는 단기적으로 즐거움, 특권, 이익을 선사한다. 사람들이 짧은 시간 프레임을 사용하는 한 온실가스 배출량을 줄이려는 노력에 반대할 것이다.

리처드슨 교수는 시간 경계는 도덕의 경계라고까지 주장한다. 예를 들어 일 년이라는 틀에서 에너지를 생각하면 가격과 공급을 고려할 것이다. 하지만 200년이라는 틀에서 보면 기후 변화와 불평등한 삶의 질이 세대 간 갈등이 생길 가능성을 무시할 수 없을 것이다.

게임 진행

- **인원**

  인원수에 상관없이 할 수 있는 대규모 게임이다.

- **소요 시간**

  보통 이 게임은 프레임이나 경계를 언급하거나 토론할 때 재미있게 주위를 환기하기 위해 사용한다. 이런 경우에는 5분 안에 진행할 수 있다. 하지만, 이 게임을 토대로 심도깊은 토론으로 이어가려면 15분에서 30분 정도까지 사용할 수 있다.

- **공간**

  참석자들은 자리에 앉아 있기만 하면 된다. 이 게임은 참석자들이 최소 2m 밖에서 진행자를 볼 수 있어야 한다. 소수의 참석자에게 진행자를 중심으로 원으로 두르게 하더라도 진행자는 2m 앞에 서 있는 것처럼 설명해야 한다.

- **준비물**

  없음

- **게임 준비**

  없음

> 게임 하기

참석자들이 손가락으로 원을 만들고 그 안을 통해 볼 수 있도록 한쪽 손의 엄지와 검지의 손가락 끝을 연결하라고 부탁한다. 이것이 '프레임'이 될 것이다.

공간 프레임

- 1단계:

 중간을 중심으로 참석자들을 좌우로 나눈다. 진행자는 자신의 팔과 손을 좌우로 쫙 펼친다. 참석자에게 자신의 엄지와 검지의 손가락으로 원을 만들어 프레임을 준비하라고 요청한다. 그리고 진행자가 바라볼 때 왼쪽 사람들은 진행자의 왼손이 프레임에 들어오게 손을 뻗어서 보라고 하고 진행자가 바라볼 때 오른쪽 사람들은 진행자의 오른손을 보라고 요청한다.

 지금은 진행자의 양팔이 양쪽으로 펼쳐진 상태다. 이제 진행자의 오른손 엄지손가락을 위로, 왼손 엄지손가락을 아래로 향한다. 모든 참석자에게 자신이 만든 프레임으로 정해진 손을 보라고 요청한다.

- 2단계:

 다음과 같이 참석자들에게 두 가지 질문하는데 각각 10초에서 20초 정도 생각할 시간을 준다.

 "제 손가락이 위로 향한다고 생각하는 사람은 손을 들어 주십시오."

(잠시 시간을 준다.)

"제 손가락이 아래로 향한다고 생각하는 사람은 손을 들어 주십시오."

(잠시 시간을 준다.) 보통 참석자 절반은 다른 절반과 다를 것이다.

• 3단계:

이제 참석자들에게 진행자의 양손이 자신의 프레임에 들어오도록 손을 당겨보라고 요청한다. 진행자는 이전과 똑같이 엄지손가락이 위를 향하고 있다고 생각하는 사람은 손 들라 하고 잠시 시간을 둔 다음 진행자의 엄지손가락이 아래를 향하고 있다고 생각하는 사람은 손들라고 요청한다. 이번에는 참석자 대부분 두 번 손을 들 것이다. 프레임을 눈쪽으로 가까이 당길 때는 더 넓게 볼 수 있다. 현실을 좀 더 많이 볼 수 있게 된다. 그래서 보통 진행자의 양손 엄지를 모두 볼 수 있다. 사람들은 종종 다른 현실을 보고 있다는 점에 동의하지 않는다. 그 이유는 다른 현실을 보게 하는 프레임이 그렇게 만들었기 때문이다.

시간 프레임

- **1단계:**

진행자는 참석자들이 좌우로 나뉘어 있다는 것을 재확인한다. 진행자는 다시 한번 참석자들에게 각자의 손가락으로 만든 프레임으로 쳐다봐 달라고 부탁하는데 이번에는 눈쪽으로 당기면서 진행자의 오른손이 프레임 안에 들어오도록 부탁한다. 진행자가 시작을 알린 뒤 5초 뒤에 진행자가 바라볼 때 왼쪽 그룹은 그만 쳐다보게 하고 오른쪽 그룹은 10초 더 쳐다보게 한다. 그래서 전체 소요 시간은 15초가 된다.

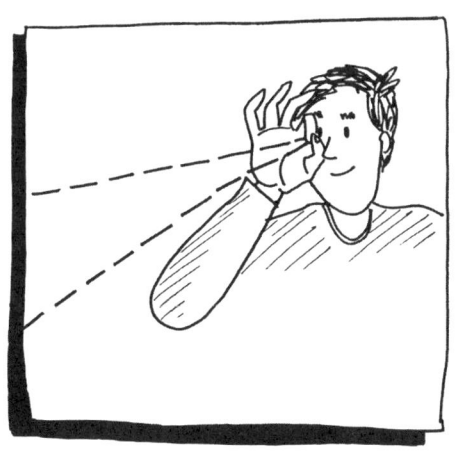

- **2단계:**

    실제 진행한다. 진행자는 자신의 오른팔을 옆으로 핀 상태에서 손을 쥐고 엄지를 위로 향한 상태로 있다. 참석자들에게 자신의 프레임으로 진행자의 오른손을 봐 달라고 요청한다. 그리고 시간을 잰다. 5초 뒤에 참석자들에게 말한다.

    "이제 여러분 입장에서 방 오른쪽에 있는 분은 그만 쳐다보십시오."

    다시 5초 뒤에 진행자는 엄지만 핀 손에서 나머지 네 손가락을 펴서 다섯 손가락을 활짝 벌린다. 다시 5초 뒤, 즉 총 시간이 15초가 지났을 때 나머지 참석자 절반에게 말한다.

    "이제 그만 쳐다보십시오."

(게임 정리)

게임 마무리를 진행할 때 다음 질문들을 활용해 본다.

- 쳐다보는 과정에서 진행자의 손가락이 펴진 개수가 변했다고 생각하신 분은 손을 들어 주십시오.
- 누구는 제 손가락에 변화가 있다고 생각하고 누구는 아니라고 생각합니다. 무엇이 진실일까요? 왜 이처럼 간단한 질문에 여러분같이 이성적인 분들이 모두 동의하지 않는 것일까요?
- 이 관찰 게임을 기후 변화와 연결할 수 있을까요?
- 중요한 변화를 감지할 정도로 시스템을 충분히 오래 관찰했다고 어떻게 자신할 수 있나요?
- 어떻게 하면 기후 변화를 언급하는 사람들이 염두에 두는 시간의 길이를 길게 할 수 있을까요?

8.
집단 저글링 게임

겉보기에 작은 문제 하나 추가된 것 때문에
전체 시스템이 붕괴될 수 있다.

> 생각 열기

지수 증가하는 속성을 잘 모르기 때문에 결정적인 재난 상황에도 굼 뜬 행동들을 한다.

— 토마스 러브조이, 보존 생물학자

많은 변화가 뒤따르는 지구 온난화는 우리 인류가 지나친 교정 행동과 붕괴를 경험하게 될 수많은 티핑 포인트로 질주하고 있다는 것을 보여주는 명백하고 규모가 엄청나게 큰 첫 번째 현상이다.

- 데이브 스테픈슨 목사, 위스콘신 범 종교 기후와 에너지 운동 대표

마지막 물방울이 물잔을 넘치게 한다.

- 영국 속담

기후 변화와 연결하기

사람들은 어떤 문제 발생 건수가 천천히 증가하고 있을 때 문제가 심각해지기 전에 언제든지 해결할 수 있다는 생각에 익숙하다. 이런 사고 때문에 시스템 특징 중에 하나인 지수 증가와 이에 대한 적절한 대처 방법을 전혀 이해하지 못한다. 고학력 성인도 마찬가지다. 왜 그럴까? 대부분 성인들은 시스템에서 일어나는 다양한 인과관계와 의도하지 않은 결과를 다룰 방법을 배우지 못했기 때문이다. 말하자면 기후 변화, 상호의존적인 금융 시장, 생태 다양성 훼손과 같은 지구촌에 미치는 영향을 탐색하는 방법이다.

산업 시대 초기에는 자연적으로 발생하는 온실가스 외에 인류가 추가로 배출하는 온실가스량은 적었다. 그래서 그 양이 지수증가를 하더라도 여전히 적었다. 이런 변화 단계에서는 문제는 아주 천천히 증가하게 되고 그때 그때 적절히 대처할 수 있었다. 그런데 상황이 바뀌어서 우리 인류는 소소하게 증가하던 지수 증가의 행태가 더 커지면서 대량으로 온실가스를 배출하는 시대에 접어 들었다. 문제들은 이제

우리가 쉽게 해결할 수준을 넘어섰다. 더 심각한 점은 이 문제들이 인류 사회가 적응할 수준을 뛰어넘었다는 것이다. 어쩌면 이대로 가다가는 인류는 천천히 안 좋아지기는커녕 순식간에 몰락할지 모른다.

게임에 대하여

기후 변화와 같이 자연의 시스템 특징을 이해하려면 직접 연구에 참여하거나 개인 경험에서 성찰할 수 있다. 집단 저글링 게임은 재미있을뿐더러 시스템의 특징을 이해할 수 있는 중요한 게임이다. 저글링 할 수 있는 공이나 다른 물건을 사용하게 되면 참석자들은 결국 자리에서 일어나게 되고 피가 뜨거워지는 것을 느낄 정도로 활동하게 된다. 웃고 떠들면서 몰입하기 때문에 대부분 새롭고 충격적인 성찰을 하게 된다. 구체적으로는 다음 목적으로 이 게임을 할 수 있다.

- 단순한 규칙이 어떻게 복잡한 시스템의 행태가 만드는지를 보여주기 위해서
- 시스템 몰락을 막으려고 하다가 급격히 변하는 시스템을 경험하도록 하기 위해서
- 구성원들이 어떤 워크숍에서 만든 공식적이고 사회적인 장애물을 무너뜨리기 위해서
- 시스템 규칙이 같으면 다른 집단이라도 비슷한 행동을 한다는 것을 알리기 위해서

> 게임 진행

- **인원**

  모두가 참여하는 중간규모 게임이다. 15명에서 20명이 한 모둠을 이뤄서 진행한다. 참가자가 20명보다 많으면 나눈다.

- **소요 시간**

  참가자들의 지적 수준과 게임 정리하는 시간에 따라 15분에서 30분이 걸릴 수 있다.

- **공간**

  한 모둠 구성원이 원을 이루면서 서로 1m에서 1.5m 떨어질 수 있어야 하며 물건을 공중으로 서로 던지면서 주고 받아야 하기 때문에 천장은 2.4m 이상 높아야 한다.

- **준비물**

  플립 차트나 화이트 보드

  테니스 공이나 소프트 볼처럼 던질 수 있는 물건 인당 하나씩

  위 물건이나 공을 담을 수 있는 장 바구니 같은 담을 것

- **게임 준비**

  진행자 가까이에 의자를 둔다. 준비된 공을이나 던질 수 있는 물건을 담을 것에 둔다. 이 담을 것을 굳이 허리를 굽혀서 공을 꺼내지 않기 위해 의자에 올려 둔다.

- **고려해야 할 점**

  만약 공이나 던질 수 있는 물건을 정 못 잡는 참가자가 있다면 모둠에게 말로 도움을 줄 수 있는 관찰자 또는 응원자 역할을 줘도 좋다.

게임 하기

- **단계 1:**

    모둠을 만든다. 20명이 넘으면 한 모둠이 20명이 안 되도록 나눈다. 게임을 할 모둠이 정해지면 나머지 모둠은 지켜본다. 지켜보는 모둠은 게임을 하는 모둠이 공을 던지고 떨어진 공을 줍는 활동에 방해가 되지 않도록 충분히 떨어져 있어야 한다.

- **단계 2:**

    던지는 순서를 정한다. 게임하는 사람은 모두 팔을 허리 높이에서 뻗고 공을 받을 자세로 팔꿈치 부분을 살짝 접는다. 진행자는 공을 누군가에게 던진다. 그 사람이 공을 잡으면 그 사람은 공 받을 자세를 한 다른 사람에게 자신이 받은 공을 던진다. 공을 다른 사람에게 던졌다면 자신의 팔을 내린다. 마찬가지로 순서에 따라 공을 받은 사람은 공 받을 자세를 한 다른 사람에게 공을 던져 주고 자신의 팔을 내리면 된다. 이왕이면 공을 던질 때 바로 옆 사람이 아닌 반대편에 있는 공 받을 사람에게 던지라고 부탁한다. 공이 계속 전달되고 모든 사람의 손이 내려질 때까지 계속한다.

    정확하게 하는 것이 목표지 속도는 중요하지 않다. 공을 던질 때는 머리 위에서 던지는 것보다 허리 밑에서부터 던지는 것이 더 정확하게 전달된다. 누군가 공을 떨어뜨리면 다시 집어서 계속 하라고 하면 된다.

    참가자들에게 (자신에게 공을 던진 사람과) 자신이 던진 공을 받은 사람을 기억해 달라고 요청한다. 공을 던진 사람에게 공 받을 사람 한 사람만 연결된다. 그렇다면 연습 게임에서는 공을 한 번 이상 잡는 사람은 없다. 즉, 각자 한 사람이 지정된다.

연습 게임이 마무리 되면 마지막에 공을 잡은 사람은 진행자가 처음에 공을 던진 사람에게 전달한다. 진행자는 공을 전달 받아서 보관함에 넣는다.

- 단계 3:

본격적으로 게임을 설명한다. 게임 규칙을 다음과 같이 설명한다.
"여러분의 목표는 동시에 가능한 많은 공을 허공에 띄우는 것입니다. 하는 요령은 자신에게 오는 공을 잡아서 자신이 정한 사람에게 공을 던져 넘기는 것을 계속하는 것입니다."

그리고 진행자가 할 행동을 설명한다.
"공을 잡지 않은 사람이라면 누구라도 진행자가 던진 공을 받을 수 있습니다. 속도가 중요하지 않기 때문에 게임을 천천히 진행할 겁니다. 하지만, 여러분이 허공에 공을 잘 띄우게 되면 더 많은 공을 추가할 것입니다."

모든 사람이 방금 한 말을 듣고 있어야 한다. 왜냐하면 게임 초기에 지나친 교정 행동(overshoot)이 만들어지는 토대가 되기 때문이다. 만약 관찰자 또는 응원자가 있다면 허공에 떠 다니는 공의 개수를 잘 기록해 달라고 요청한다.

• 단계 4:

참가자 각자가 지정한 공 받는 사람을 확인한다. 필요하면 테스트를 해도 좋다. 그리고 마치 공을 받았다고 가정하고 자신이 지정한 공 받는 사람에게 공을 던지는 흉내를 내 보게 한다. 이 동작을 진행자부터 시작해서 순서대로 해 본다. 만약 자신이 정한 공 받을 사람을 기억하지 못한다면 모둠 전체의 도움으로 기억을 되살려 본다. 필요하면 실제 공을 이용해서 공을 받고 넘겨 주는 순서를 명확하게 하거나 새로운 순서를 만들어도 좋다.

• 단계 5:

본격적으로 게임을 진행한다. 진행자는 연습 게임에서 정해진 첫 번째 공 받을 사람에게 공을 던지면서 게임을 시작한다. 모둠 사람들이 정해진 순서대로 공을 전달하기 시작하면 5초 정도 기다렸다가 새로운 공을 추가한다. 3초 정도 기다렸다가 새로운 공을 추가한다. 계속 더 많은 공을 추가한다. 이런 식으로 진행하면 곧 사람들이 허공에 공을 띄울 능력을 압도하게 된다. 보통 게임에서 5개에서 10개 사이의 공이 사용될 때 공을 떨어뜨리기 시작하는데 일부러 큰 소리로 공을 떨어뜨린 사람에게 공을 줍고 계속 진행하라고 요청한다. 웃음 거리를 만들고 게임 집중력을 분산시키기 위해서 고무로 만든 닭과 같이 해롭지 않고 전혀 의외의 물건을 추가해도 좋다. 혼란이 커지게 되면 진행자는 공을 추가하는 속도를 빠르게 하면서 다양한 사람에게 던져 본다. 공을 잡을 준비가 전혀 안 되었을 때 소리내서 게임을 중지한다.

"좋습니다. 이제 그만!"

- 단계 6:

  다른 모둠이 있다면 모둠을 바꾼다. 두 번째 모둠에게도 같은 방식으로 진행한다. 그리고 다른 모둠이 허공의 공의 개수를 지켜봐 달라고 요청한다. 모든 모둠이 다 하면 게임 정리를 위해 플립 차트가 있는 쪽으로 이동한다.

게임 정리

이 게임은 다양하게 사용할 수 있다. 즐거운 분위기에서 준비한 그림을 보여 주면서 게임 정리를 진행한다. 서로 질문하고 토론할 기회를 많이 제공한다.

- 처음에는 이 게임에 관한 전반적인 인상이나 느낌을 서로 나눌 기회를 준다. "어떤 일이 일이났나요? 게임을 진행하는 과정에서 시간에 따라 모둠 구성원들의 행동이 어떻게 변했나요?"

이제 시간에 따른 변화에 관해 토론해 본다. 게임이 보여주고 있는 시스템의 핵심 개념이다. 설명한다.

"좀 더 자세히 무슨 일이 일어났는지 살펴보려면 우리가 관찰한 패턴을 봐야 합니다. 처음에 저는 공 몇 개만 추가했습니다.

이때만 해도 여러분은 잘 했습니다. 여러분의 초기 행동의 특징은 자신감이었습니다. 이 그림에서 첫번째 구간입니다."

플립차트나 화이트 보드에 그린 그림을 언급한다. 계속 설명한다.

"하지만, 계속 잘 하지는 못했습니다.

게임 후반부로 갈수록 허공에 있는 공의 패턴을 생 각해 보십시오."

계속 설명한다.

"공이 떨어지면 저는 공을 추가하지 않았습니다.

시간이 흐르면서 세 가지 단계가 만들어 집니다."

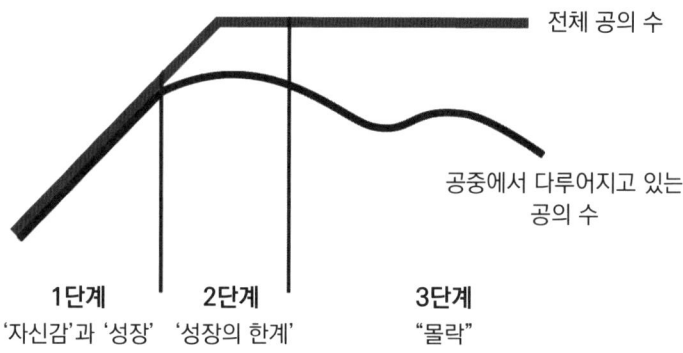

- 첫 번째 단계는 자신감 구간입니다. 잘 대처했습니다. 제가 공을 더 많이 추가해도 문제 없었습니다.
- 두 번째 단계는 성장의 한계 구간입니다. 이 단계 초기에는 제가 공을 더 많이 추가해도 여러분은 공을 잘 다루었습니다. 하지만, 이내 여러

> 분은 공을 다룰 능력의 한계에 도달했습니다. 그래서 제가 공을 더 추가하면 더 이상 잡을 수 없었습니다. 그러면 이때 추가된 공들은 어떻게 됐나요? 바닥에 떨어졌고 누군가가 주워야 했습니다.
> - 세 번째 단계는 몰락 구간입니다. 제가 공을 추가하지 않아도 공을 다루는 능력이 떨어집니다. 참가자들이 떨어진 공을 줍느라 신경이 분산되기 때문에 공을 다룰 능력이 떨어지게 되는 겁니다."

참가자들에게 질문을 던진다.

"왜 이런 일이 생길까요? 어떻게 하면 더 잘 할 수 있을까요?"

참가자들에게 토론하고 대답할 시간을 준다.

보통 다음과 같은 반응이 나온다:

"처음에는 다음 공을 다룰 시간이 충분했기 때문에 게임이 쉬웠어요. 그런데 점점 빨라지면서 공을 놓치기 시작했습니다."

"제 생각에 우리는 볼 잡는 연습을 더 하면 더 잘 할 수 있을 것 같습니다."

"제 생각에 모든 공이 똑 같다면 그렇게 많이 공을 떨어뜨리지 않았을 겁니다."

"아마 북을 치면서 박자를 맞출 걸 그랬습니다. 그러면 동시에 더 많은 공을 공중에 띄울 수 있었을 겁니다."

이렇게 정리한다.

"이 게임은 기후 변화 때문에 생기는 문제를 다루는 우리 사회를 잘 드러내고 있습니다."

참가자들에게 기후 변화 때문에 생기는 문제를 다루는 우리의 모습이 시간에 따라 변하는 것과 단체 저글링 게임이 어떻게 관련이 있는지 질문해 본다. 이렇게 질문할 수도 있다.

"기후 변화가 주는 영향을 생각할 때 이 단체 저글링 게임에서 경험한 세 가지 패턴이 어떻게 연결될까요?"

토론를 위해 잠시 시간을 주고 다음과 같이 설명한다.

> "이렇게 말씀드릴 수 있겠습니다. 예를 들어 홍수와 같은 문제가 하나 생겼다고 합시다. 그러면 우리는 이 문제를 다룰 수 있습니다. 하지만, 홍수 뿐만 아니라 폭풍, 수확량 감소, 전염병 등 문제의 개수가 점점 많아지면 이 문제를 다뤄야 하는 시스템은 과부하가 걸리고 결국 몰락하게 될 겁니다."

9.
암호 풀기 게임

복잡한 상황을 이해하려면
눈에 보이는 모습에만 신경을 쓰면 안 된다.

> 생각 열기

눈에서 멀어지면 마음에서도 멀어진다.

― 영국 속담

국가 경제를 계산하는 방식에는 실제 국가 경제가 반영되지 않는다.

삶을 기록하지 않고 오로지 소비만 열심히 기록하기 때문이다.

– 웬델 베리, 소설가이자 미국 환경운동가 1세대

낮은 지대를 보려면 산에 올라가야 한다.

– 중국 속담

기후 변화와 연결하기

정책을 결정하는 사람들은 경제 시스템과 기술에 대한 정보를 참고한다. 문제 해결책을 경제 활동과 기술 변화에서 찾기 때문이다. 기후 변화에 대응하는 행동을 이야기할 때도 경제 관점(탄소세, 전기세, 외부 비용을 반영한 세금)이나 변화된 기술(개선된 에너지 효율성, 이산화탄소를 없애는 더 나은 기술, 성능이 좋아진 태양열 발전 장비)에 관심을 둔다. 그런데 인구와 생활 방식은 적당한 자료는 없기 때문에 늘 정책 결정에서 논외가 된다. 이 게임의 목적은 사람들이 참고하는 기준 자료의 틀이 해결책에 영향을 미치고 있다는 점을 깨닫게 하고 기후 변화에 대해 논쟁을 할 때 실제 우리 행동을 이끌 수 있는 자료를 창의적으로 찾을 수 있도록 독려하는 것이다.

게임에 대하여

이 게임을 통해 믿어 의심치 않은 전제를 되짚어 볼 수 있다. 정신 모델(mental model)은 양날의 검과 같은 기능을 한다. 판단의 근거를 제공하지만, 종종 앞 못 보는 사람과 같은 행동을 하게 만들기 때문이다. 이런 정신 모델을 제대로 살펴보기 위해서는 모든 전제를 차분히 살펴봐야 하는데 무의식적으로 받아들이는 전제를 특별히 잘 살펴야 한다. 이를 위해서 가장 필요하지만 가장 개발이 안 된 기술은 주변을 돌아보고 넓게 보는 것이다. 관점을 폭넓게 가질수록 더 많은 자료를 다룰 수 있고 행동을 효과적으로 할 가능성이 커진다.

게임 진행

- **인원**

  인원수에 상관없이 할 수 있는 대규모 게임이다. 참가자들이 진행자를 볼 수만 있다면 몇 명이든 상관없다. 8명 이하라면 양손이나 5~6개의 볼펜으로 할 수 있다. 인원수가 더 많으면 플립차트를 사용한다.

- **소요 시간**

  5~10분. 모둠의 크기와 게임 정리에 따라 달라진다.

- **공간**

  진행자 주위에 모일 수 있거나 플립차트가 잘 보일 수 있는 충분한 공간. 청중들은 자리에 앉아 있는 것이 좋다.

- **준비물**

  8명 이하인 경우는 6~7개의 볼펜

  그 이상이면 플립차트와 멀리서도 볼 수 있도록 쓸 수 있는 마커펜

  - **게임 준비**

  게임 준비물은 단출하게 하는 것이 제일 좋다. 즉흥적으로 연기하듯이 펜을 들거나 플립 차트에 그림을 그릴 수 있다면 더 좋다.

> 8명 이하와 게임 하기

- 단계 1:

   다음과 같이 설명한다.

   "이제 저는 암호를 사용해서 1에서 5 사이 숫자를 보여드릴 겁니다. 모두 정수입니다. 여러분은 암호를 풀어서 제가 보여드리는 숫자를 해석하십시오. 물론 암호를 이해할 때까지 몇 번을 실수할 겁니다."

   바닥이나 책상에 볼펜 몇 자루를 올려놓는다. 모든 사람이 볼 수 있어야 한다. 볼펜을 내려놓을 때는 마치 어떤 패턴이 있는 것으로 보이도록 약간 요란하게 행동할 필요가 있다.

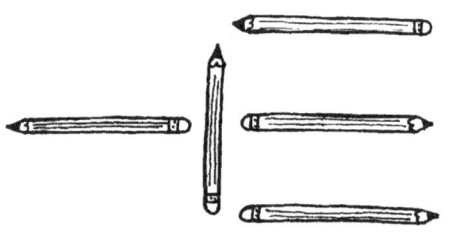

- 단계 2:

   볼펜을 내려 놓은 다음, 진행자는 자신의 빈손 하나를 탁자에 올려 놓는데 다섯 손가락을 핀 채 손바닥을 탁자 표면에 놓는다. 사람들에게 질문한다.

   "이 볼펜들은 어떤 수를 나타내나요?"

   잠시 멈춘다.

- 단계 3:

참가자들은 각자가 생각한 숫자를 서로 맞춰볼 것이다. 많은 사람은 보이는 볼펜 수를 말할 것이고 어떤 사람들은 어떤 의미가 있는지 곰곰이 생각해 보면서 '암호'를 풀려고 할 것이다. 암호는 탁자에 올려진 진행자의 손이 보여주는 손가락 개수다. 3~4회 정도 하고 게임 마무리한다.

많은 사람과 게임 하기

- 단계 1:

플립 차트의 오른쪽 위에 큰 사각형을 그린다. 그 사각형 안에 3~4개의 단순한 상징물을 그려 넣는다. 어떤 기호인지는 중요하지 않다. 하지만, 이렇게 그릴 때, 마치 어떤 패턴이 있는 것처럼 행동하면 더 좋다.

- 단계 2:

사각형 안에 상징물을 그려 넣을 때 진행자의 다른 빈손을 아무렇지 않은 듯이 다섯 손가락을 핀 채 플립차트 표면에 놓는다. 사람들에게 질문한다.

"제가 어떤 수를 보여드리고 있나요?"

잠시 멈춘다.

"숫자는 5입니다. 누가 맞췄습니까?"

보통 5분의 1이 손을 들 것이다.

"다시 해 볼까요?"

이번에는 새로운 플립 차트에 똑같이 사각형을 그리고 그 안에 4~5개의 상징물을 그려 넣는다. 눈치 못 채게 진행자의 빈손을 풀어서 다시 플립차트에 올려놓는데, 이번에는 손가락 세 개만 핀다. 질문한다.

"제가 어떤 수를 보여드리고 있나요?"

잠시 멈춘다.

"숫자는 3입니다. 누가 맞췄습니까?"

이런 식으로 한 번 더 진행한다. 이번에는 손가락 두 개만 핀다. 진행자가 정답을 말하면 슬슬 청중들은 혼란스러워질 것이다.

- **단계 3:**

    사각형에 상징물을 그려 넣지 않은 채 계속 진행한다. 이번에는 진행자의 빈손에서 엄지만 핀다.

    "지금은 숫자 1입니다."

    진행자는 손을 바꿔서 손가락을 네 개를 보여 준다.

    "지금은 숫자 4입니다."

    참가자들이 암호를 알아차릴 때까지 손가락 숫자를 바꾸면서 몇 번 더 진행한다. 마무리한다.

    "사각형 안에서 암호를 찾으려고 했나요? 전혀 상관없는 정보였습니다. 암호는 아주 간단했습니다. 하지만, 여러분이 사각형에 집중할수록 절대로 이해할 수 없었을 겁니다."

게임 정리

마무리를 깊이 있게 진행하지 않아도 이 게임을 통해 참가자들은 아하! 순간을 경험하게 되고 좌절감이나 조종당한 느낌까지도 받을 수 있다. 아무리 똑똑하거나 신중한 사람도 잘못된 정보에 집중하면 속게 된다는 것을 잘 이해하게 될 것이다. 마침 사각형을 그렸기 때문에 이 게임이 "상자 밖에서 생각하라"는 용어를 사용해 보는 것도 도움이 된다. 게임 마무리할 때 도움이 되는 질문들이다.

> "기후 변화를 주제로 토론할 때 사용하는 자료는 어떤 프레임으로 제공한 것인가요?"
>
> "그런 프레임을 사용해야 한다고 결정한 사람은 누구인가요?"
>
> "기후에 관한 정보를 염두에 둘 때 우리에게 도움이 되는 정보의 경계는 어떠해야 할까요?"
>
> "기후 변화를 주제로 토론할 때 사람들 마음속에 있는 경계를 어떻게 바꿀 수 있을까요."
>
> "정부는 국가 운영 지표로 국민총생산(GNP) 자료를 즐겨 사용합니다. 하지만, 국민총생산은 국가와 사회에 해를 끼치는 활동도 뭉뚱그려 계산합니다. 그래서 국민총생산 계산법은 현재의 행동 때문에 미래에 대가를 치르는 것을 무시합니다. 미래 기후에 치명적인 악영향을 주는 활동을 피할 수 있도록 국민총생산 프레임을 바꾸려면 어떻게 해야 할까요?"

10.
고기잡이 게임

시간을 길게 놓고 보면 경쟁할 때보다 협력할 때
더 많은 것을 얻는 경우가 많다.

> 생각 열기

고기 한 마리 잡히지 않는다고 바다를 탓하지 마라.

– 그리스 속담

이산화탄소 배출을 획기적으로 줄이기 힘든 이유 중의 하나는 기후변화가 지구 전 지역에서 일어나기 때문이다. 이 문제를 해결하기 위해서는 온실가스를 많이 배출하는 나라 모두 온실가스를 줄이려는 행동에 나서야 하는데 이 때 딜레마가 나타난다. 이 딜레마를 오랫동안 다룬 경제학 개념이 있다. 바로 공유지의 비극이다.

-데이비드 케스텐 바움,
내셔널 퍼블릭 라디오 과학전문 기자

안마당이 모두에게 열려있다면, 안마당은 아무도 책임을 지지 않아 사라질 것이다.

-중국 속담

기후 변화와 연결하기

공기, 물, 땅, 고속도로, 어장, 에너지, 광물과 같이 우리가 '공유'하는 자원은 우리가 의지하고 있으면서 우리가 모두 책임지는 자원이다. 그런데 인간은 놀랍게도 이런 '공유자원'을 자신만을 위해 사용한다. 1968년에 생태학자 게릿 하딘(Garret Hardin)은 이런 인간의 낯선 행동을 '공유지의 비극 The Tragedy of The Commons'이라고 불렀다. 우리가 물질의 풍요로움을 누리기 위해서 공기, 물, 물고기와 같은 공유자원이 필요하다. 그러나 공유자원을 사용하는 방식을 함께 합의하지 않는다면 공유자원은 남용되고 물질의 풍요로움을 만드는 자원은 고갈된다. 이런 패턴은 전형적으로 반복되고 있다. 만일 각각의 나라가 자신의 이익을 위해 이산화탄소를 계속 배출한다면 당장은 더 많은 경제 발전이라는 눈앞의 이익을 얻을 수 있을 것이다. 그렇지만, 기후 온난화 때문에 발생하는 미래의 손실이나 다른 지역에서 발생하는 피해는 경험하지 못할 것이다. 만약, 어느 한 나라만 이산화탄소를 많이 배출했다면 지금과 같은 심각한 결과를 초래하지 않았을 것이다. 하지만 많은 나라가 이산화탄소를 배출했기 때문에 모두가 고통받고 있다. 고기잡이 게임은 참가자들에게 공유자원을 지속적으로 사용할 수 있게 관리할 기회를 제공한다. 가상의 어장에서 공유지의 비극을 피할 수 있는 다양한 형태의 협력을 경험할 수 있다.

게임에 대하여

고기잡이 게임은 제한된 재생 가능한 자원을 사용해서 단기적인 이익을 극대화하는 노력이 장기적으로 어떤 결과를 낳는지를 보여준다. 그리고 개인 수준이든, 조직 수준이든, 국가 수준이든 소수가 시스템을 지배했을 때 결국 공동의 이익이 어떻게 나빠지게 되는지도 보여준다.[9] 이 게임은 '공유지의 비극'이라는 전형적인 구조에서 나타나는 '좋아지기 전에 손해보는 worse-before-better' 시나리오를 제대로 경험하기 위해 사용할 수 있다.[10] '좋아지기 전에 손해보는' 시나리

---

9   보다 정교한 고기잡이 게임은 FishBank 게임이다. 이 Fishbank 게임은 컴퓨터를 기반으로 최대 50명까지 함께할 수 있는 롤 플레잉 게임이다. 이 고급 버전은 2시간 소요되며 풍부한 학습 효과를 얻을 수 있다. 필요한 프로그램은 세계시스템다이내믹스학회 홈페이지에서 구입할 수 있다. www.SystemDynamics.org/fish-banks-game 피시뱅크 게임 인터넷 버전은 MIT 시스템다이내믹스 그룹 홈페이지에서 확인할 수 있다. https://mitsloan.mit.edu/LearningEdge/simulations/fishbanks/Pages/fish-banks.aspx 별도의 등록과 내부 승인 절차가 필요하다.

10 다음 책은 공유지의 비극이라는 구조의 전형적인 특징을 시스템사고 관점에서 잘 정리했다. Daniel H. Kim, *Systems Archetypes II: Using Systems Archetypes to Take Effective Action* (Action, MA: Pegasus Communications, 1994).

오는 장기적이고 근본적인 해결책은 종종 단기적으로 잠시 상황이 안 좋아지는 패턴을 말한다. 만일 정치가나 경영자가 어떤 정책을 정하거나 의사결정을 하면서 단기적인 성과에만 급급한다면 장기적으로는 비극을 초래할 수 있다. 이 사실은 사회 곳곳에서 생생하게 드러나는데 유난히 어장과 같은 재생 가능한 자연 자원을 아무렇지도 않게 남용하는 모습에서 잘 드러난다.

장기적으로 재생 가능한 자원을 계속 사용하려면 가끔은 단기적으로 사용량을 줄이는 것을 받아들일 필요가 있다. 지속 가능한 정책을 실현하려면 시스템이 시간에 따라 장기적으로 어떻게 변하는지 이해해야 하고, 단기적으로 불편함과 손해를 감수하겠다는 약속을 한다.

고기잡이 게임으로 이 모든 원칙을 연습할 수 있다.

게임 진행

- **인원**

    4명~40명 가능

- **소요 시간**

    30분~50분

- **장소**

    최대 40명을 각 팀당 2명에서 6명으로 구성하여 진행할 수 있어야 하고 플립차트를 활용하고 옆 팀과의 대화를 엿들을 수 없는 정도의 공간이어야 한다.

- **준비물**

- 물고기 역할을 할 수 있는 같은 크기의 동전 또는 바둑알 300개
- 바다 역할을 할 수 있는 큰 통 하나 (동전 또는 바둑알 300개 정도가 여유있게 들어갈 수 있으면서 내용물을 볼 수 없는 바구니 또는 A4박스. 소리가 잘 나는 재질이면 더 좋다.)
- 배 역할을 할 수 있는 작은 통은 팀당 하나씩 (약간 큰 종이컵이면 충분하다. 눈에 잘 보이도록 배에 1, 2, 3, 4와 같이 팀 번호를 매긴다.)
- 한 팀당 10장의 빈 종이 (단어장 카드 크기 정도면 좋다.)

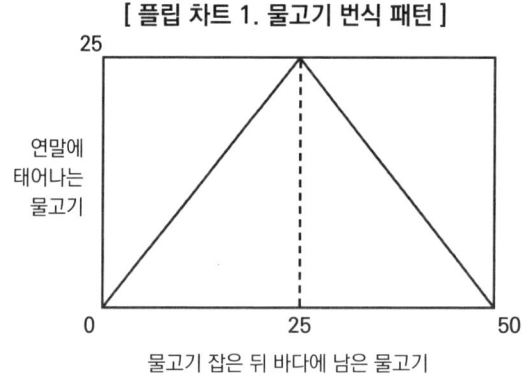

[플립 차트 1. 물고기 번식 패턴]

[플립 차트 2. 팀별 총어획량 보고서]

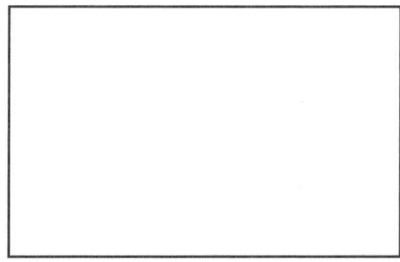

빈 종이. 제목 정도는 표시해도 좋다. 게임이 끝난 뒤 결과를 제출할 때 사용된다.

이와 같은 두 개의 플립 차트를 준비해서 모두가 잘 볼 수 있도록 둔다.

• 게임 준비

바다(큰 통)에 동전 50개를 넣는다. 남은 동전은 참가자들의 손이 닿지 않게 통 옆에 둔다. 각 팀 배에 10장의 빈 종이를 넣어둔다. 팀별 인원은 비슷하게 나누되 2명에서 6명(많아야 7명 정도) 사이가 좋고 총 2개 팀에서 6개 팀이 적당하다. 1, 2, 3 등과 같이 팀 번호를 정한다. 각 팀은 서 있거나 앉아 있거나 활동 장소 어디에 있든지 상관없다. 다만, 다른 팀의 전략을 엿들을 수 없는 정도로 떨어져 있어야 한다. 또한, 진행자가 보여주는 플립 차트를 잘 볼 수 있는 거리에 있어야 한다. 시간이 충분하면 각 팀의 배에 이름을 붙여 보라고 해도 좋다.

게임 하기

- **1단계:**

    게임을 진행할 팀을 구성한다. 각 팀별로 모여 있도록 안내한다. 그리고 다음과 같이 게임을 소개한다.

    "축하합니다. 여러분은 고기 잡는 회사 직원이 되었습니다. 고기잡이를 시작할 이 바다는 고기가 아주 많습니다."

    (바다를 의미하는 큰 통을 잡고 안에 있는 동전이 크게 소리 나게 흔든다.)

    "이 게임의 목표는 게임 과정에서 잡은 물고기를 최대로 하는 것입니다. 이 목적을 이루기 위해서 여러분에게 최첨단 어선을 드리겠습니다."

    배를 의미하는 작은 통 하나를 든다. 이제 게임 규칙을 설명해 주고, 질문을 받는다.

게임 규칙

1. 각 팀은 고기 잡는 회사 역할을 한다.
2. 각 팀의 목표는 최대한 많은 물고기를 잡는 것이다.
3. 이 바다에서 한 번에 싹쓸이로 잡을 수 있는 최대 어획량은 50마리다. 즉, 모든 팀의 어획량 합이 50마리를 넘을 수 없다. 이 게임을 시작할 때는 바다에 있는 물고기는 25마리에서 50마리 사이다. 게임 참가자는 정확한 숫자를 알 수 없다.
4. 각 라운드는 일 년을 의미한다. 앞으로 6년에서 10년 동안 게임을 하는데 몇 라운드를 할지는 게임이 끝나기 전까지 알 수 없다.

5. 각 팀별로 매년 몇 마리를 잡을지 결정해서 제출한다. 그 수는 0~8마리 사이의 정수로 한다.
6. 매년 각 팀은 그 숫자를 빈 종이에 적어서 각 팀의 배에 집어넣고 진행자에게 제출한다.
7. 진행자는 모든 배를 뒤섞은 다음 차례대로 각 팀이 제출한 내용을 확인한다.
8. 만일, 어느 한 팀이 잡고 싶은 물고기 수가 이 바다에 남아 있는 물고기 수보다 크다면 그 팀은 한 마리도 가져갈 수 없다. 한편, 잡고 싶은 물고기 수가 바다에 남은 물고기 수보다 적다면 요청한 물고기를 배에 채워준다.
9. 배를 각 팀에게 되돌려준다.
10. 플립차트 1에 따라 물고기를 번식시킨다.
11. 바다에 물고기가 마지막 라운드가 아니라면 새로운 라운드를 시작한다.

플립 차트 1을 설명하기

번식 패턴 표를 설명하겠습니다. 배를 돌려준 다음에 바다에 물고기가 한 마리도 없으면 새로운 물고기가 태어나지 않습니다. 하지만, 예를 들어, 배를 돌려준 다음에 25마리가 남았다면 25마리가 새로 태어나는데 이렇게 되면 바다가 최대로 수용할 수 있는 한계인 50마리가 됩니다. 만일, 38마리가 남았다면 12마리가 추가됩니다.

- **2단계:**

    계속 설명하기

    "이제 각 팀은 장기적인 전략을 세워야 합니다. 그다음에 첫 번째 라운드를 시작하겠습니다. 첫해 몇 마리를 잡을지 결정하십시오. 빈 종이에 적습니다. 종이를 배에 넣습니다. 그리고 배를 진행자에게 제출하십시오."

    장기적인 전략을 세우고 첫 번째 물고기 요청서를 제출할 수 있도록 3~5분 정도의 시간을 준다.

- **3단계:**

    모든 팀이 제출한 배를 진행자 앞에 있는 책상에 둔다. 그리고 눈을 감고 순서를 무작위로 섞는다. 눈을 뜨고 배를 일렬로 정돈한다. 이때 배 번호가 잘 보이도록 한다. 과연 어느 팀이 먼저 뽑히는지 그리고 우리 팀이 뽑혔을 때 원하는 만큼 물고기를 잡을 수 있는지 아니면 아예 한 마리도 못 잡게 되는지가 불확실하다는 것을 보여주는 것이 중요하다. 그래서 섞는다. 따라서 1번 배가 첫 번째로 뽑힌다는 보장도 없고 첫 번째로 뽑힌 팀이 고기를 잡을 보장도 없다.

- **4단계:**

    맨 왼쪽부터 배에서 종이를 뺀다. 종이에 적힌 숫자를 밝히지 않는다. 다만, 바다에 충분한 동전이 있다면 바다의 동전을 빼내서 종이에 적힌 숫자만큼 배에 채운다. 그리고 차례대로 다음 배도 같은 방식으로 반복한다. 만일, 요청한 숫자가 남은 물고기 수보다 크다면 그 종이만 다시 배에 넣고 그 다음 배로 넘어간다. 모든 배에 대해 완료했다면 각자의 배를 가져가라고 한다.

• 5단계:

첫해와 같이 다음 해의 주문을 결정해서 종이에 적고 배에 담은 다음 제출하라고 한다. 그동안 진행자는 바다에 있는 동전을 세서 번식 패턴 표에 따라 새로 태어나는 물고기를 계산한다. 계산법은 매우 간단하다. 물고기가 25마리에서 50마리 사이라면 50이 되도록 채워주면 되고 25마리 미만이라면 같은 수의 동전을 채워주면 된다. 예를 들어 바다에 동전이 12개가 있다면 12개의 동전을 더 넣어주면 된다.

• 6단계:

2년 차인 두 번째 라운드 배를 거둬들이고 1년 차에서 한 것처럼 배 순서를 섞고 다음을 진행한다. 만일 빠른 속도로 모든 물고기가 사라졌다면 한 마리도 잡지 못하는 상황을 경험할 수 있도록 1~2년 더 진행한다. 그런 다음 게임을 끝낸다. 하지만, 모든 팀이 최대 번식률을 유지하면서 지속 가능할 전략을 세워서 진행하는 것이 보여도 게임을 끝내도 된다. 그런데 대부분의 경우에 자신들의 결정이 어떤 결과를 만드는지 경험하려면 최소 6년에서 8년 정도 진행하게 된다.

> 게임 정리

전형적으로 한두 팀은 게임 초기에 공격적으로 물고기를 많이 잡으려고 한다. 이런 행동이 물고기 개체군을 감소시키고 결국 모든 사람의 어획량을 끌어 내린다. 때론 참가자들이 진지하게 모든 팀의 결정을 스스로 조율해서 게임 내내 지속 가능할 수 있는 어획량을 결정하려고 노력할 수도 있다. 하지만, 그런 노력은 번번이 실패한다. 그 이유는 한두 팀이 그런 노력을 무시하거나, 이런 노력의 근거가 되는 최대 어획량을 잘못 계산하기 때문이다.

참가자들과 번식 패턴 표(플립 차트 1)에 관해 토론해 보자. 번식 패턴에 따르면 매년 바다에 추가되는 물고기는 최대치가 25마리다. 따라서, 25마리는 매년 지속할 수 있게 잡을 수 있는 어획량의 최댓값이 된다. 이론적으로 10년 동안 번식률이 감소하지 않는 조건에서 지속할 수준을 유지하면서 잡을 수 있는 물고기는 총 250마리가 된다. 그래서 250마리를 참여한 팀의 수로 나누면 각 팀이 지속 가능한 수준을 유지하면서 잡을 수 있는 최댓값의 훌륭한 근사치가 된다. 만약, 평균 총어획량이 25마리 밑으로 떨어졌다면 지나치게 많이 잡은 결과라고 볼 수 있다.

게임 장소 앞에 설치된 빈 플립 차트에 각 팀의 총어획량을 기록한다. 그리고 다음 질문들을 이용해서 각자의 경험을 토론하도록 유도한다.

- 이 게임에서 어떤 일이 일어났나?
- 게임 결과를 보고 팀원들은 어떤 감정을 느꼈나?
- 이런 게임 결과를 만든 게임 규칙은 무엇인가?
- 모든 팀이 거둘 수 있는 최대 어획량은 총 몇 마리인가?
- 이 게임의 승자는 있나?
- 모든 팀이 최대 어획량을 만들려면 어떤 정책을 따랐어야 했나? 왜 그렇게 하지 않았나?
- 현실 세계에서 자원을 지속 가능하게 사용하기 위해서 지켜야 할 정책은 무엇일까?

게임 참가자들이 기후나 대기와 같은 공유자원과 연결해서 현실 세계에 적용할 수 있는 정책을 생각하도록 다음 질문을 활용한다.

- "기후로부터 지속 가능하게 받을 수 있는 최대 혜택은 무엇인가? 대기 중의 온실가스를 흡수하는 능력이다. 이 게임을 기후 문제에 적용했을 때, 어떤 능력을 다같이 키워야 기후 문제가 해결될까?"
- "무임 승차자는 이런 정책을 실행하기 위해 단기적으로 개인이 치러야 하는 대가를 내지 않고 이 정책을 잘 따르는 다른 사람 덕분에 생기는 장기적인 이익을 얻으려는 사람이다. 무임 승차자는 집단이 협상해서 간신히 만든 타협안을 망칠 수 있다. 기후 변화를 둘러싼 상황에서 무임 승차자는 어떤 사람인가?"

- "이 게임에서 참가자들은 어떻게 공유자원이 그렇게 빠른 속도로 그것도 예상치 못한 모습으로 붕괴할 수 있는지 경험했다. 그렇다면 빠르고 급작스러운 기후 변화의 위험성을 효과적으로 알릴 방법은 무엇인가?"
- "이 게임을 통해 얻은 통찰력 중에 어떤 것이 복잡한 자연계와 사회 시스템의 문제를 정의하고 해결하려고 할 때 도움이 될 수 있나?
- "공유자원을 돌보고 감시할 방법은 무엇인가?"

고기잡이 게임에서 경험했듯이 물고기를 많이 잡게 되면 처음에는 즉각적인 이익을 얻는 것은 명백하다. 반면에, 번식 가능한 수준 이상으로 고기 잡았을 때 나올 수 있는 나쁜 결과는 명확하게 드러나지 않고 지연되어 몇 번의 라운드가 지나야 나타난다. 어떻게 하면 기후와 관련된 정책과 행동이 시간 지연을 극복하고 신속하고 긍정적인 결과를 만들 수 있을까?

11.
과녁 맞히기 게임

인지와 행동 사이에 시간 지연 효과가 커질수록
목표를 달성하려는 노력은 과도한 교정행동을 만들 수 있다.

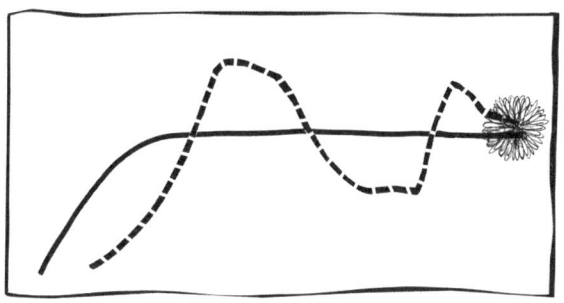

> 생각 열기

과도한 교정 행동을 만드는 세 가지 원인은 개인 차원에서나 지구 차원에서나 언제나 같다. 첫 번째는 빠른 변화다. 두 번째는 한계 또는 장애물이 있다는 점이다. 세 번째는 문제를 인지하는 것과 해결하기 위해 반응하는 것 사이에 지연 또는 실수가 존재한다는 점이다. 이 세 가지는 과도한 교정 행동을 만드는 필요충분조건이다.

— 도넬라 메도즈, 요르겐 랜더스, 데니스 메도즈, 「성장의 한계」, 2004년 개정판

백날 조준해봐야 소용없다. 맞혀야 장땡이다.

— 이탈리아 속담

기후 시스템에는 극도의 지연 효과가 존재한다. 그런데 에너지 효율적인 차와 건물을 만들고 탄소 중립(carbon-neutral) 기술을 개발하는 데에도 시간이 걸린다. 하물며 현재 사용하고 있는 에너지 소비형 시설을 새로운 기술로 대체하는 데에는 더 많은 시간이 걸린다. 온실가스 감소 활동과 대기 속 온실가스 누적량 사이에 지연이 추가되고, 대기 속 온실가스 누적량의 변화와 지구 평균 온도 사이에도 지연이 추가되고, 지구 온도 변화와 해로운 영향, 예를 들어 극지방 얼음 면적의 감소, 해수면 상승, 심해지는 날씨 패턴, 농업 생산성 악화, 높아지는 멸종률, 전염병 사이에 지연이 또 추가된다.

— 존 스터만, MIT 시스템다이내믹스 그룹 디렉터

기후 변화와 연결하기

온실가스가 증가하고 있는데도 오늘날 제대로 대응을 못 하는 이유는 기후 변화로 인한 피해가 정말 더 심해지면 당연히 인류사회가 더 나빠지지 않도록 신속하게 조치할 거라고 생각하기 때문이다. 이런 생각은 틀렸을 뿐만 아니라 위험하다. 왜냐하면, 기후 변화 쟁점을 인식하는 시점과 행동하는 시점이 순차적으로 지연되는 것 때문에 발생하는 변화의 역동성을 외면하게 되기 때문이다. 기후 시스템에는 수많은 지연 현상이 있다. 이산화탄소를 배출한다고 해서 대기 중 온실가스 누적량이 바로 증가하지 않는 것처럼, 대기 중 온실가스 누적량이 증가하더라도 대기 온도가 바로 상승하지 않는 것처럼, 대기 온도가 상승하더라도 바로 생태계 피해가 증가하지 않는 것처럼 곳곳에 지연 현상이 존재한다.

피해를 알아차리고, 그다음 과학계에서 이 피해를 인정하고, 그다음 정치적인 합의를 이뤄내고, 그다음 새로운 정책을 집행하기까지 지연이 일어나기 때문에 문제는 더욱 심해진다. 안타깝게도 이런 지연 현상 때문에 기후 변화에 따른 피해를 감당할 수 있는 수준 안에서 다루는 것이 불가능하다. 모두가 파괴적인 피해를 인식할 때쯤 문제가 더 심각한 수준으로 발전하지 못하게 막기에는 너무 늦어 버릴 것이다.

게임에 대하여

과녁 맞히기 게임은 인지와 행동 사이에 있는 지연이 아무리 작더라도 이 지연때문에 달성하고자 하는 목표에 신속하고 정확하게 반응하지 못하게 된다는 것을 보여준다. 어떤 행동과 이 행동의 연쇄작용으로 만들어지는 최종 결과 사이에 연속된 지연이 존재할 때 어떻게 지나친 교정 행동이 불가피하게 나타나는지 보여준다.

게임 진행

- 인원

  이 게임은 일부 참여 게임이다. 참가자는 3명이면 되고 지켜보는 사람 수는 얼마든지 상관없다.

- **소요 시간**

  20~25분

- **공간**

  세 사람이 게임을 하는 것을 청중은 앉아서 볼 수 있어야 하고, 다음 준비물을 위한 공간이 있어야 한다.

- **준비물**

  화이트보드나 플립차트처럼 쓸 수 있는 큰 도구

  모두가 볼 수 있도록 진하게 그릴 수 있는 마커펜

  최대 15분까지 사용할 착용감이 좋은 안대 2개

  이름표 세 개 (각 이름표에 행정 공무원, 정치인, 과학자를 표기한다.)

- **게임 준비**

  준비물과 이름표를 확인한다.

게임 하기

- **단계 1:**

  화이트보드 정 중앙에 원을 크게 그린다. 원은 지름이 최소 60cm이어야 한다. 클수록 좋다. 원 정중앙에 점을 찍는다. 원 안쪽 면에 '문제점'이라고 쓴다. 원 바깥 면에는 '혼돈'이라고 쓴다.

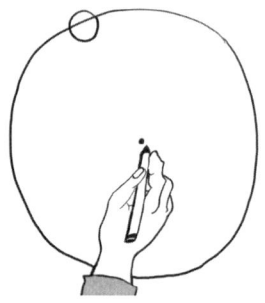

• 단계 2:

자원자를 뽑는다.

"자원자 3명이 필요합니다. 자원자는 손으로 선을 그어야 하고 몇 분 동안 착용감이 좋은 안대를 써야 합니다."

만약 자원자가 빨리 안 나오면 앞줄에 있는 사람에게 정중하게 부탁한다. 첫 번째 자원자에게 마커펜을 준다. 청중에게 이 자원자는 공무원을 의미한다고 말하고 자원자에게 공무원 이름표를 건넨다. 나머지 자원자는 나올 필요 없다.

이제 자원자에게 말한다.

"도전할 기회를 세 번 드릴 겁니다. 매번 시작할 때마다 이 마커펜을 오른손에 쥐고 큰 원 정중앙에 있는 점에 갖다 대고 시작할 겁니다. 그다음에 제가 큰 원 위 어떤 곳에 과녁을 표시할 겁니다. 그리고 제가 '시작'이라고 말하면 자원자께서는 마커펜을 떼지 않고 가능한 한 빨리 과녁까지 그리는 것이 할 일입니다. 과녁의 정 중앙에 마커펜이 도착하면 그리기를 멈춥니다. 언제 멈추게 될지 제가 말씀드리겠습니다. 마커펜을 떼지 않고 그리는 것이 중요합니다. 그래야 다른 사람의 마커펜이 지나간 길을 확인할 수 있습니다."

기후 변화와 연결해서 이 게임이 어떤 의미인지 설명한다.

"큰 원 정중앙에 시작점은 오늘날 대기 속 온실가스양입니다. 매번 제가 큰 원 위에 표시하는 과녁은 문제를 일으키지 않고 지속 가능할 수 있는 수준의 온실가스양입니다. 공무원이 마커펜으로 원 중앙에서 과녁까지 선을 그리는 시간은 우리 사회가 기후가 지속 가능한 수준까지 도달하기 전까지 고통을 겪는 시간입니다. 물론 만일 공무원이 과녁을 지나치게 되면 우리는 혼돈을 겪게 될 겁니다."

"누구도 가능한 한 빨리 고통을 해결하고 싶지 않은 사람은 없습니다. 그래서 가능한 한 빨리 과녁을 향해 움직여 주실 것을 부탁드립니다. 청중 중 한 분이 세 번 도전할 때마다 시간을 재 주실 수 있는지요? 그러면 저는 화이트보드에 기록하겠습니다."

- 단계 3:

청중에서 시계나 스마트폰으로 초 단위로 시간을 잴 수 있는 한 사람을 선발하고 공무원인 자원자가 세 번 도전할 때마다 목표에 도달하는 시간의 길이를 측정해 달라고 부탁한다. 진행자가 과녁을 큰 원 위에 그릴 때는 위치는 상관없으나 지름 2cm 정도 크게 그린다. 그리고 '시작'이라고 말한다. 첫 번째 도전에 공무원은 시작점에서 과녁까지 마커펜으로 직선을 그리며 빨리 움직일 수 있어야 한다. 마커펜이 과녁 중앙에 도착하자마자 진행자는 '그만'이라고 말한다. 시간 재는 도우미에게 시간이 얼마나 걸렸는지 확인한다. 공무원이 그린 첫 번째 선 옆에 '1번'이라고 적고 다시 그 옆에 걸린 시간을 적는다.

- 단계 4:

두 번째 자원자에게 나와 달라고 요청한다. 두 번째 자원자는 정치인을 의미한다. 두 번째 자원자에게 정치인 이름표를 주고 화이트보드를 마주 보게 한다. 공무원은 여전히 마커펜을 손에 들고 있지만 이번에는 안대를 쓴다. 진행자는 공무원을 도와서 손에 든 마커펜을 큰 원 안에 있는 시작점에 올려놓는다. 진행자는 공무원의 다른 손이 정치인의 집게손가락을 잡도록 도와준다. 그러면 화이트보드와 공무원, 정치인은 일직선 위에 있게 되고 정치인은 청중을 등에 지게 된다. 정치인은 화이트보드와 큰 원을 볼 수 있지만, 말을 할 수 없다. 정치인은 자신의 집게손가락을 움직여서 공무원에게 마커펜이 움직일 방향을 알려줄 뿐이다. 인지와 행동 사이 지연을 일부러 만든 것이다.

정치인은 화이트보드를 정면으로 보지만 공무원은 양팔을 벌린 자세로 한 손은 화이트보드로 향하고 한 손은 정치인 손가락을 잡는 자세가 좋다. 또한 오른손잡이라면 화이트보드 쪽 손을 오른손으로 하는 것이 편할 것이다.

진행자는 다음과 같이 말한다.

"이번에 저는 큰 원 위에 다른 과녁을 만들겠습니다. 이제 다시 똑같은 목표가 생겼습니다. 지속 가능한 과녁을 맞혀야 합니다. 제가 '시작'이라고 말하면 공무원은 아까처럼 가능한 한 빨리 시작점에서 마커펜을 떼지 않은 채 과녁까지 선을 이어야 합니다."

"하지만, 이번에는 공무원은 안대를 썼기 때문에 볼 수 없습니다. 그래서 공무원은 정치인 안내를 받아야 합니다. 이제 공무원은 오로지 정치인 손가락이 주는 정보에 따라 과녁을 찾아야 합니다. 물론 정치인은 과녁을 볼 수 있지만, 말할 수 없고 원에 가까이 가서 만질 수도 없습니다. 도우미는 다시 한번 시간을 재 주시면 고맙겠습니다."

진행자는 새로운 과녁을 큰 원 위에 첫 번째 과녁에서 멀리 떨어진 곳에 표시한다. 도우미가 시간을 잴 준비가 되었는지 점검하고 말한다.
"시작!"

진행자는 수시로 공무원이 그리는 모습을 청중이 잘 볼 수 있는지 점검하고 공무원이 규칙에 따라 마커펜이 화이트보드에서 떨어지지않고 그리는지 점검한다. 과녁까지 도착하는 시간이 좀 더 걸릴 것이다. 공무원이 그리는 선은 매우 꾸불꾸불한 것이고 어쩌면 과녁을 지나쳐서 '혼돈'지역까지 갈 것이다. 잊지 말아야 할 것은 도우미가 시간을 재는 기준은 공무원의 마커펜이 과녁 근처가 아니라 과녁 안에 정확하게 도착할 때까지라는 점이다. 두 번째 도전이 끝났으면 두 번째 선 옆에 '2번'이라고 쓰고 걸린 시간을 쓴다.

• 단계 5 :

이제 세 번째 자원자를 앞으로 부른다. 세 번째 자원자는 과학자를 의미한다. 과학자 이름표를 준다. 공무원은 이번에도 안대를 쓰고 마커펜을 사용한다. 세 번째 도전에서는 정치인까지 안대를 쓴다. 두 번째 도전 때처럼 공무원과 정치인을 연결한 다음 정치인의 다른 손이 그 뒤에 있는 과학자 집게손가락을 잡도록 도와준다. 이때 과학자는 화이트보드를 정면으로 바라보지만, 공무원과 정치인은 양팔 벌린 자세로 옆 사람과 잇는 것이 편할 것이다. 과학자는 볼 수는 있지만, 말할 수 없고 정치인과 공무원은 볼 수 없고 오로지 각각 과학자와 정치인 손가락에 따라 움직일 뿐이다. 나머지 요령과 목표는 두 번째와 똑같다. 진행자는 될 수 있으면 첫 번째 두 번째 과녁과 멀리 떨어진 곳에 큰 원 위에 세 번째 과녁을 그린다.

준비가 다 됐으면 진행자는 '시작'을 말한다. 공무원은 이전과 마찬

가지로 가능한 한 최대한 빨리 과녁에 도달해야 한다. 하지만, 이번에는 정보 전달이 두 사람을 거치면서 멀리에서 온다. 즉 더 긴 지연이 있다. 그 결과 공무원이 그린 선은 더욱 꾸불꾸불할 것이고 과녁에 도착하기까지 시간이 훨씬 더 오래 걸리고 '혼돈' 지역에 더 오래 머물 것이다. 어찌했든 과녁에 도착하면 '3번'이라고 표시하고 걸린 시간을 적는다.

• 단계 6:
게임이 끝났으면 안대와 이름표를 회수하고 수고에 감사하다는 인사를 하고 자리에 들어가라고 안내한다.

게임 정리

- 세 종류의 선을 보면 일반적인 특징이 보입니까?
- 세 번째 도전이 첫 번째보다 더 느리고 부정확한 원인이 뭘까요?
- 기후 변화 시스템에서 이산화탄소 배출과 생태계 피해 사이에 어떤 지연 고리가 있는지 찾아볼 수 있을까요?
- 이 게임에서 온실가스 배출량을 통제하기 위해 어떤 단계를 거치는지 보여주고 있나요?
- 기후 변화에 대응하기 위한 적절한 조치에 관해서 과학자와 정치인이 합의를 이끌어내는 과정이 길수록, 피해가 어떻게 될까요?

12.
살아 움직이는 피드백 게임

애써 목표를 달성하려는 것보다
목표를 달성시키는 구조를 만드는 것이 더 쉽다.

> 생각 열기

같은 방식으로 작은 변화가 좀 더 큰 변화를 만드는 구조가 포지티브[11] 피드백 구조다. 이 구조의 사례는 다음과 같다. 살짝 따뜻해지면 북쪽

---

11 (역자 주) 시스템 이론과 이 책에서 포지티브(positive) 피드백의 '포지티브'는 '좋다'는 의미가 아니다. 원인과 결과가 이어져서 순환되는 피드백 구조가 만들어질 때 포지티브 피드백구조에서는 개별 요인의 성격이 강화된다. 따라서, 선순환과 악순환이 동시에 존재한다.

지방 지표면 얼음이 작은 양이라도 녹는다. 하지만, 녹아서 드러난 땅은 눈이나 얼음으로 덮였을 때보다 세 배나 열을 흡수한다. 그래서 그 열 때문에 얼음이 더 많이 녹으면서 같은 방식으로 변화는 더욱 커진다. 얼음이 녹을수록 땅은 더 많은 열을 흡수하면서 마치 나선형 소용돌이처럼 변화가 점점 커진다.

- 니콜라스 그리토프, 뉴욕 타임스 칼럼니스트

아무리 좋은 것도 지나칠 정도로 변하는지 예의주시해야만 한다. 가장 나쁘게 되는 것도 바로 이런 과잉에서 시작한다. 결국, 악마도 추락한 천사가 아닌가.

- 케네스 볼딩, 경제학자

눈앞의 현실과 머리 터지게 싸워봐야 하나도 안 바뀐다. 뭔가를 바꾸려면 새로운 모델을 만들어서 현재 모델을 낡은 것으로 만들어야 한다.

- 버크민스크 풀러, 건축가이자 수학자

기후 변화와 연결하기

무엇이 지구의 기후를 바꾸고 있나? 이 질문에 대답하려면 피드백(feedback)을 이해해야 한다. 여기서 '피드백'이라는 뜻은 "선생님이 내 숙제에 대해 피드백해 주었다." 식으로 칭찬이나 비판을 준다는 말이 아니다. 시스템에서 이야기하는 피드백은 원인과 결과가 순환하는 과정을 말하는데, 이 과정에서 시스템이 안정을 되찾거나 성장 또는 몰락하는 모습을 보인다.

피드백 루프(고리)가 지구 온난화의 주범이다. 특별히 강화 피드백 루프, 다른 말로는 포지티브(positive) 피드백 루프가 그렇다. 다음은 북극에서 볼 수 있는 포지티브 피드백 루프의 모습이다. 평균 기온이 오르면 바다를 덮은 얼음이 녹는다. 여름에는 더 많은 얼음이 녹고 겨울에는 얼음이 덜 생긴다. 태양열이 지구에 도착하면 일부는 우주로 반사되고 일부는 흡수되기 마련이다. 이때 얼음이 덜 생기고 물 표면적이 넓어지면 반사가 덜 일어난다. 그러면 바다가 태양열을 더 많이 흡수하게 되고 그 결과, 물 온도는 상승하게 된다. 이제는 이 상승하는 물 온도 때문에 더 많은 얼음이 녹게 된다. 그래서 물 표면적이 넓어지면 더 많은 태양 에너지를 흡수하게 된다. 다시 이 때문에 기온은 상승하고 더 많은 얼음이 녹는 순환 구조가 반복된다.

게임에 대하여

이 게임[12]을 통해 포지티브 피드백 루프와 네거티브[13] 피드백 루프 본연의 특징을 이해할 수 있다. 그리고 원하는 목표를 달성하기 위해서 피드백 루프를 어떻게 다뤄야 하는지도 알려준다.

살아있는 피드백 게임은 시스템이 어떻게 작동하는지를 빨리 이해시키려고 할 때 사용될 수 있다. 시스템 내에서 다양한 요인이 상호작용

---

12 이 게임은 존 쉬블리(John Shibley)가 만든 게임을 저자들이 수정한 것이다.

13 (역자 주) 네거티브(negative) 피드백의 '네거티브'는 '나쁘다'는 의미가 아니다. 원인과 결과가 이어져서 순환되는 피드백 구조가 만들어 질때 네거티브 피드백 구조에서는 개별 요인의 성격이 순환할 때마다 반대 방향으로 작동한다. 따라서, 순환할 때마다 기존 성격을 억제하는 기능을 갖는다. 균형(balancing) 피드백 루프 또는 통제(control) 피드백 루프라고 표현하기도 한다.

하면서 시스템이 변하는 것과 시스템의 한 요인이 변하면 시스템 전체 구조가 변하는 모습을 볼 수 있다. 참가자들은 피드백의 변화(포지티브에서 네거티브로, 또는 그 반대)와 연결 고리의 유형(열린 연결 또는 닫힌 연결)이 미치는 영향에 관해 가설을 세우고 검증한다. 아무리 복잡한 시스템이라도 한 부분 또는 한 사람이 변화를 만들 수 있다고 깨닫게 된다.

이 게임의 목적은 다음과 같다.

- 균형(통제) 피드백 루프와 강화 피드백 루프를 몸으로 체험한다.
- 인과관계를 연결해서 만든 닫힌 시스템의 행태에 관해 분석하는 지적 활동을 신체 움직임으로 해결한다.
- 단순한 피드백 시스템에서 기본적인 변화의 유형을 직관적으로 이해하도록 돕는다.

게임 진행

- **인원**

  이 게임은 일부 참여 게임이다. 참가자는 5~12명이면 되고 지켜보는 사람 수는 얼마든지 상관없다.

- **소요 시간**

  약 30분

- **공간**

5~12명이 손을 맞잡고 어깨를 이어서 한 줄로 서거나 원을 만들 수 있어야 하고 장애물이 없어야 한다. 청중들은 진행자의 목소리를 들을 수 있어야 하고 참가자들의 행동을 볼 수 있어야 한다. 필요하면 몇 개의 의자와 책상을 좌우로 치워서 공간을 만들 수도 있다.

- **준비물**

공 하나 또는 색깔 있는 물체. 손에 쥘 수 있어야 한다.

진행자를 포함해서 참가자들 한 명 당 목에 걸 수 있는 큰 치수의 이름표. 한 면이 10cm 이상인 정사각형이면 좋다.

- **게임 준비**

이름표 한 면 가득 '+' 기호를 적고 뒷면 가득 '-' 기호를 적는다. 굵은 펜을 사용해서 멀리서도 '+' 기호와 '-' 기호가 잘 보이도록 한다.

- **고려할 점**

참가자들의 몸도 그렇지만 심리적으로도 편안하게 만드는 것이 항상 중요하다. 이 게임은 부드럽게 움직이는 것이지 급격한 움직임이 필요하지 않다. 손과 팔을 허리 밑에서 머리 위까지 움직이는 동작을 한다. 참가자들을 모집할 때 허리를 숙이고 팔을 쭉 뻗게 된다는 점을 사전에 알리는 것이 필요하다. 참가하지 않는 청중은 관찰자가 되는데 참가자들이 만드는 원 밖에 앉거나 서서 참가자들이 규칙대로 움직이는지 지켜보게 한다. 휠체어를 쓰는 사람이 참가할 때는 참가자 전원이 앉은 채로 진행하도록 변형해도 된다.

게임 하기

살아있는 피드백 게임은 자세한 안내가 중요하다. 사전에 충분히 숙지해야 한다.

> 이 게임은 '게임 후 정리'가 특별히 중요하다.

- 단계 1:

먼저 열린 연결 고리를 만든다. 참가자로 자원자 5~12명을 선발한다. 참가자들이 청중을 바라보고 어깨를 맞대고 일렬로 서도록 한다. 진행자는 준비한 이름표를 목에 걸고 이름표의 '+' 기호가 보이도록 한다. 참가자들에게 이름표를 나눠주고 진행자를 따라 하도록 부탁한다.

손에 쥘 수 있는 공이나 비슷한 크기로 멀리서도 잘 보이는 물체를 청중이 바라볼 때 맨 오른쪽 참가자에게 전달하고 그 참가자는 자신의 왼손에 쥔다. 진행자는 이 공은 게임 내내 누구에게 전달하는 것이 아니라 관찰 대상이 된다고 설명한다. 다시 진행자는 반대쪽 끝으로 가서 자신이 참가자들의 한쪽 끝이 된다. 즉 청중이 바라볼 때 참가자들의 왼쪽 끝에 선다.

진행자는 참가자들에게 각자의 왼손은 각자의 의지로 움직이는 '움직이는 손'이라고 말한다. 진행자는 참가자들이 볼 수 있도록 자신의 왼손을 주먹 쥐고 허리춤에서 손을 내민다. 그리고 참가자들에게도 따라 해 달라고 요청한다. 설명이 길어지기 때문에 참가자들은 이해하려고 긴장할 수 있다. 그래서 재미있게 진행하면서 긴장을 풀어줄 필요가 있다. 예를 들어 진행자가 '의지'라고 선창할 때마다 참가자들이 '의지'라고 따라 말하면서 매번 왼손을 올리고 내리고를 반복하는 것도 좋다.

참가자와 진행자 모두 손을 푼 다음에 이번에는 오른손을 설명한다. 오른손은 각자의 의지와 상관없이 움직이는 '움직여지는 손'이라고 말한다. 참가자들에게 자신의 오른손을 살짝 쥐고 몸 오른쪽에 두라고 요청한다. 이제 진행자는 자신의 오른손을 허리춤으로 올려놓고 손바닥이 아래를 향하도록 손을 편다. 이제 각자가 주먹 쥔 왼손을 왼쪽에 있는 사람의 오른손 손바닥과 연결하는데, 왼쪽 사람의 오른손 손바닥이 바닥을 향해 있기 때문에 각자의 주먹 쥔 왼손은 왼쪽 사람의 오른손 손바닥 밑에 댄다. 게임이 진행하는 동안, 이 연결이 끊어지지 않아야 한다.

이제는 '+', '-' 기호에 관해 설명한다. 이 기호는 어떤 신호를 받고 왼손이 반응하는 방식을 의미한다. 참가자가 '+' 기호 이름표를 가졌다면 오른손이 움직이는 방향대로 위나 아래로 왼손을 올리거나 내려야 하고 움직이는 폭도 오른손이 움직인 폭만큼 왼손을 움직여야 한다. 이때 오른손이 움직인 다음 1초 뒤에 왼손을 움직인다. 참가자가 '-' 기호 이름표를 가졌다면 오른손이 움직이는 방향과 반대로 왼손을 움직인다. 왼손을 움직이는 폭은 오른손이 움직이는 폭만큼 하면 된다. 역시 1초 뒤에 반응하도록 한다. 이렇게 모든 참가자의 오른손은 그 사람의 오른쪽 사람의 왼손에 따라 움직인 것이며 내 의지와 상관없다. 참가자 본인은 자신의 오른손이 움직이면 자신의 기호에 따라 왼손을 움직인다.

시연한다. 모든 사람이 '+' 기호 이름표를 착용하고 손을 잡도록 한다. 따라서 오른손이 움직이는 방향과 같게 왼손을 움직여야 한다. 모든 사람의 손을 허리춤에 두게 하고 연습 삼아 진행자의 왼손을 허리에서 5cm 위로 올린다. 그러면 이 손이 올라간 신호를 받은 왼쪽 사람은 1초 뒤에 자신의 주먹 쥔 왼손을 5cm 올려야 한다. 이렇게 계속 진행하면 마지막 사람은 왼손에 쥔 공을 5cm 위로 올리게 된다.

긴장을 풀기 위해 모두 잠시 손을 푼다. 질문이 있으면 받는다.

이제 다시 모든 사람을 같은 방식으로 연결한다. 이번에는 같은 이름표로 손 방향만 바꿔서 진행자가 자신의 왼손을 허리춤에서 5cm 정도 낮춘다. 그다음 순서대로 참가자들은 자신의 왼손을 내릴 것이다. 청중에게는 참가자 각각의 손의 위치와 마지막 사람의 공 위치를 게임 내내 주목해 달라고 요청한다. 마지막 순간에 공은 처음보다 5cm 밑으로 내려갔을 것이다. 공을 잡은 손까지 움직이면 끝난다.

이제 참가자 중 한 사람의 이름표를 뒤집어서 '+' 기호에서 '-' 기호로 바꾼다. 그리고 앞선 게임처럼 사람들을 연결한다.

중요하기 때문에 다시 한번 '움직이는 손'과 '움직여지는 손'의 차이와 '+'와 '-' 기호의 차이를 설명한다. 모든 사람에게 진행자의 왼손을 5cm 올리면 마지막 사람의 공은 어떻게 될지 물어본다. 5초 정도 잠시 생각할 시간을 준다. 진행자는 자신의 왼손을 5cm 올린다. 진행자와 청중은 참가자들이 올바른 방향으로 손을 움직이는지 확인한다. 참가자들에게 예측해서 미리 움직이지 말라고 당부한다. 오직 자신의 오른손에 변화가 감지된 뒤 1초 뒤에 왼손을 움직여야 한다고 강조한다. 마지막에 공은 5cm 내려질 것이다. 이제 게임을 멈춘다.

- **단계 2:**

  이제 진행자는 연결을 이어서 '닫힌 연결고리'를 만들고 이 연결고리가 만드는 변화를 보여주는 시간을 갖는다. 마지막까지 신호가 전달되면 진행자는 다음과 같이 말한다.

  "우리가 공을 바닥까지 낮추려면 신호 또는 자극을 계속해서 입력해야 합니다. 그런데 닫힌 연결고리에서는 어떤 일이 일어나는지를 보시겠습니다."

  모든 참가자의 이름표 기호를 '+'로 통일한다. 그리고 참가자들에게 원을 만들어 달라고 요청한다. 공을 잡은 마지막 참가자는 이제 진행자 바로 오른쪽에 있게 될 것이다. 진행자의 오른손을 공을 든 사람의 왼손 위에 올려놓는다. 이제 진행자가 딱 한 번 자극을 줄 것이고 그 다음에는 규칙에 따라 진행자의 자극이 옮겨지고 진행자를 포함해서 모두 규칙을 따라야 한다는 점을 다시 강조한다.

진행자의 왼손을 5cm 올리고 이 자극이 원을 따라 진행자에게 돌아오는 것을 지켜본다. 모두 '+' 기호의 규칙에 따라 왼손을 올릴 것이고 마침내 진행자의 오른손도 5cm 올라갈 것이다. 하지만, 여기서 진행자도 '+' 기호의 규칙에 따르기 때문에 멈추지 않고 진행자의 왼손을 5cm 올린다. 이렇게 자극이 원을 따라 몇 바퀴 돌도록 놔두면 공은 매번 5cm씩 올라갈 것이다. 결국 참가자들은 더는 도달할 수 없는 한계를 만나게 되고 결국 멈출 수밖에 없다.

모든 참가자의 손을 풀도록 한 다음에 몇 사람에게 어떤 일이 일어났는지를 묘사해 달라고 다음과 같이 부탁한다.

"이번에는 공의 변화가 왜 그리 달랐나요?"

아마도 처음 대답은 연결이 닫혀 있어서 피드백을 만들었기 때문이라고 할 것이다. 모든 연결이 '+' 기호였기 때문에 원은 강화되는 연결고리를 만든 것이다.

이번에는 약단 달리 질문한다.

"우리 일상생활에서 이렇게 뭔가 강화되는 구조를 느낀 적은 언제인가요?"

연결 고리가 닫혔기 때문에, 시스템의 구조가 지배하게 되었다. 즉, 더는 외부에서 들어와야 할 자극이 필요 없게 된 것이다.

규칙을 살짝 바꿔서 다시 게임을 해 본다. 이번에는 처음에 손을 5cm 내리는 것으로 시작한다. 앞으로 어떤 일이 일어나게 될지 생각해 볼 시간을 준다. 대부분 정확하게 예측할 것이다. 즉, 공은 계속 내려가게 되고 결국 바닥에 닿게 될 것이다. 이제 진행자는 허리춤에서부터 5cm 정도 왼손을 낮춘다. 그러면 공은 움직임이 원을 따라 한 바퀴 돌 때마다 누군가의 왼손이 바닥에 닿을 때까지 5cm 밑으로 이동할 것이다.

강화되는 구조는 이렇게 한계가 있기 마련이고 이 한계가 구조를 얼마나 한 방향으로 계속 성장할지 결정한다는 점을 강조한다.

- **단계 3:**

마지막 단계로, 진행자는 강화 시키는 구조를 만드는 포지티브 고리와 달리 안정시키는 구조를 만드는 네거티브 고리를 만들기 위해 참가자의 이름표 기호를 바꿀 것이다.

새로운 게임에 관해 설명한다.

"이번에는 제가 우리 시스템 안에 한 개의 네거티브 연결을 만들 겁니다. 대부분은 그대로 포지티브 연결 고리를 맡게 될텐데 하던 대로 오른손에 따라 같은 방향과 같은 폭으로 주먹 쥔 왼손을 움직이면 됩니다. 단 한 사람만 네거티브 이름표를 가지게 됩니다. 이 사람은 오른손이 움직여지는 반대 방향으로 왼손을 움직이고 움직이는 폭은 같게 합니다."

진행자는 한 사람을 지목해서 이름표를 뒤집어서 '-' 기호가 보이게 한다. 원은 그대로 유지한다.

진행자의 왼손을 5cm 밑으로 내리면서 시작할 것이라고 알린다. 참가자들에게 자신들의 손이 어떻게 움직이게 될지 생각해 보라고 5초 정도 시간을 준다. 그다음에 자원자 몇 사람에게 게임을 진행하면서 자신의 손이 어떻게 될지 발표하도록 한다.

모든 사람에게 이전처럼 손을 잇도록 요청한다. 이제 주먹 쥔 진행자의 왼손을 5cm 내린다. 진행자는 '-' 기호를 담당한 사람이 제대로 움직이는지 잘 관찰한다. 기호를 '+'에서 '-'로 바꾸면 '-' 기호를 담당한 사람에게 움직임이 도착할 때까지는 이전과 같은 방식으로 움직이게 된다. 즉, 손을 내리게 될 것이다. 하지만, '-' 기호를 담당한 사람부터는 방향이 바뀌어서 왼손을 올리게 된다. 그리고 연속으로 '-' 기호를 담당한 사람까지 도착할 때까지 손이 올리다가 '-' 기호를 담당한 사람부터는 다시 손의 방향이 바뀌어서 왼손을 내리게 된다. 그래서 한 바퀴 돌 때마다 손의 방향은 위로 움직이다가 다시 아래로 움직인다. 움직임이 바뀌는 장소는 '-' 기호를 담당한 사람이다. 모든 사람이 손의 움직임이 오실레이션처럼 움직인다는 것을 명확히 알게 되면 동작을 멈춘다.

이번 게임을 다음과 같이 묘사한다.

"기호 하나 바꿨을 뿐인데 구조를 바꿨습니다. 처음 입력한 자극이 계속 강화되는 피드백 고리에서 기존 자극을 고치거나 상쇄시키는 균형 피드백 고리로 바꾼 것입니다. 열린 연결 고리와 닫힌 연결 고리를 비교해 봅시다. 열린 연결 고리에서는 우리가 원하는 목표를 위해 계속 입력해야 했습니다. 반면에, 닫힌 연결 고리에서는 강화시키는 고리나 균형을 만드는 고리

메탄가스 배출

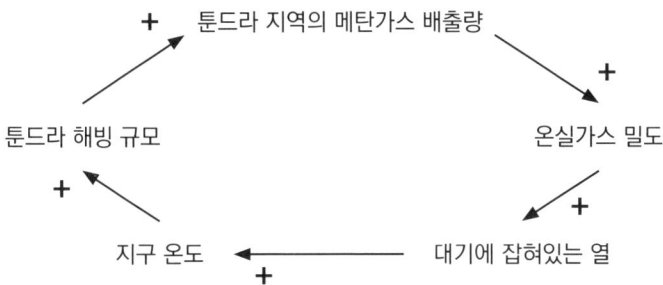

북극 얼음 면적

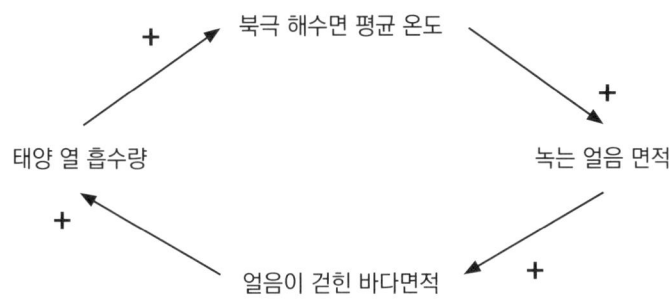

광합성

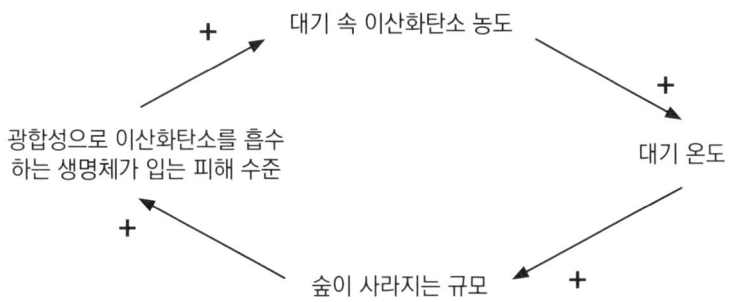

가 딱 한 번, 처음 입력한 자극만으로 만들어졌습니다."

이제 참여자들의 손을 풀어서 긴장을 풀게 하고 다음과 같이 질문을 던진다.

"어떤 일이 일어났는지 설명해 보시겠어요?"

"방금 만든 이 시스템의 변화는 얼마나 오래 지속할 것이라고 보시나요?"

 (영원히 지속한다가 정답이다)

"열린 연결 고리와 닫힌 연결고리의 차이는 무엇인가요? 그리고 강화 피드백 고리와 균형 피드백 고리의 차이는 무엇인가요?"

"강화 피드백 고리를 경험했을 때와 비교했을 때 균형 피드백 고리에서 어떤 느낌을 받았나요?"

추가로 설명한다. 보통 균형 피드백 고리의 변화 모습은 엎치락뒤치락하는 오실레이션이다. 즉, 시스템의 움직임은 계속 특정 지점을 중심으로 앞뒤로 또는 상하로 움직이는데 마치 게임을 하면서 사람들의 손이 오르락내리락하는 것과 같다.

"일상생활에서 언제 균형 피드백 고리에 있다고 느꼈나요?"

만약 참가자들이 예를 생각하기 힘들다면, 배고픔과 먹기 그리고 저축과 소비, 운동과 스트레스와 같은 예를 주면 좋다. 특정 균형점을 중심으로 오르락내리락하는 사례는 모두 해당된다. 참가자 또는 청중들에게 또 다른 예를 생각해 볼 시간을 준다.

> 게임 정리

이 게임을 통해 기후 변화에서 숨겨진 다양한 변곡점(티핑 포인트)이 어떤 식으로 나타나게 될지 경험할 수 있다. 그 변곡점들은 모두 포지티브 피드백 고리 즉, 강화 피드백 고리의 특징을 보이는데 이 피드백 고리는 독특하게 인간의 행동과 같은 외부의 자극을 추가하지 않아도 자신의 움직임을 계속 유지할 수 있다. 관심을 두어야 할 기후 변화의 분기점 사례는 많다. 다음 세 가지 예도 참고가 될 것이다.[14]

다음과 같이 질문을 던져 보자.

> "이 게임에서 점점 강화되는 포지티브 피드백 구조에서 공을 땅에 닿게 하려면 게임 초기에 작은 움직임으로 충분했습니다. 지구의 온실가스 배출량을 줄이기 위해서 어떤 포지티브 피드백 구조 즉, 균형 피드백 구조가 필요할까요?"

우리 동네에 더 좋은 자전거 길을 만드는 것도 한 예가 될 수 있다. 자전거 타기가 쉬워지면 더 많은 사람이 자동차 대신 자전거를 탈 것이고 자전거 교통량이 증가하면 자전거 도로를 더 넓힐 수 있는 명분도 커질 것이다. 이런 식으로 결국 더 많은 자전거 길이 만들어질 것이다. 다음과 같이 질문해 본다.

> "이 게임에서 네거티브 고리는 한 바퀴 돌면 처음의 움직임과 반대로 작용했고, 여러 바퀴를 돌다 보면 공은 자기의 위치를 유지하는 것처럼 보입

---

14 더 다양한 사례는 다음을 참고하라. "Feedback Loops in Global Climate Change Point to a Very Hot 21st Century," https://newscenter.lbl.gov

니다. 그렇다면 기후 관련 각종 지표를 생명체가 살만한 수준 안에 머물게 하기 위해 균형 고리, 다른 말로 네거티브 고리를 만든다면 무엇을 어떻게 하면 될까요?"

한 지역에서의 대기 온도가 사례가 될 수 있다. 평균 온도가 올라가면 열을 흡수하는 그림자를 더욱 흐리게 만들기 위해서 빛을 받는 표면 색을 바꾸는데 투자를 할 수 있다. 그 결과 태양열을 덜 흡수해서 기온을 노력하기 전 수준보다 낮출 수 있게 될 것이다. 또 다른 예는 탄소세를 들 수 있다. 온실가스 농도 수준이 상승하면 세금을 올리게 된다. 세금을 올리면 에너지를 많이 소비하는 상품 가격을 올라가게 되고, 가격이 올라가게 되면 해당 제품 수요는 낮아질 것이다. 그 결과 생산을 줄이게 되고 온실가스 배출량은 감소할 것이다.

균형을 만드는 구조에 관심을 두게 되면 우리의 행동에 저항하는 움직임도 예상할 수 있다. 현재 시스템의 어떤 면을 바꾸려고 노력할수록 현재 시스템으로부터 혜택을 받은 사람들은 시스템을 바꾸려는 노력에 더욱 저항할 것이다. 그렇다면 기후 변화를 막으려고 노력할수록 원하는 결과를 만들지 못하게 하는 저항은 어떤 식으로 나타나게 될까? 이 저항을 피해야 할까? 만일 그래야 한다면 어떻게 해야 할까? 당신이 다른 행동을 하도록 독려하는 사회 움직임이 어떤 저항을 받게 될지 이해할 수 있는가?

13.
종이접기 게임

지수 성장을 한다면,
아무리 작은 변화에도 빠른 속도로 엄청난 수로 커진다.

생각 열기

사람들은 자기 자녀가 5명이라면 많은 수가 아니라고 생각한다. 그런데 이 5명이 각각 5명의 아이를 가지게 되면 할아버지가 죽기 전에 벌써 25명의 후손이 있게 된다. 사람들은 더 많아졌고, 재산은 줄어들었기 때문에 더 열심히 일하겠지만 수중에 들어오는 것은 더 줄어든다.

— 한비, 중국 철학자

박테리아는 지수 증가한다. 하나가 두 개로, 두 개가 네 개로, 네 개가 여덟 개로 계속 증가한다. 이 같은 방식으로 대장균 한 마리는 단 하루 만에 크기와 질량 면에서 지구와 같은 초거대 군락을 만들 수 있다.

-마이클 크라이트, 소설 [쥐라기 공원] 작가

이 우주에서 가장 강력한 힘을 가진 것은 복리 이자다.

-알베르트 아인슈타인, 이론 물리학자

기후 변화와 연결하기

기후 변화에 맞서고 있는 활동가들은 지수증가 때문에 어려움을 겪는다. 이들이 추구하는 것은 사람들이 편하고 중요하게 생각하는 에너지 사용을 조금씩 줄이도록 하는 것이다. 그래서 저항이 있기 마련이다. 하지만, 정작 온실가스는 지수 증가한다는 점이다. 아무리 작은 변화라도 지수 증가를 하면 빠른 속도로 엄청난 수로 증가한다. 이 게임을 통해 지수 증가의 실체를 이해할 수 있다. 그리고 더블링 타임[15] (doubling time) 개념을 익힐 수 있다. 더블링 타임은 특정 수가 두 배로 성장하는 시간의 길이다. 계산하는 방법은 72를 백분율로 표현된 성장률로 나누는 것이다[16].

연평균 성장률이 아닌 더블링 타임을 사용하면 미래의 변화 크기를 생각하는 데에 도움이 된다. 예를 들어 최근 온실가스 배출량이 연평

---

15 (역자 주) 배가(倍加) 시간이라고도 한다.

16 (역자 주) 매년 7.2%로 성장하고 있다면 2배가 되는 시점은 10년(72 ÷ 7.2 = 10) 뒤가 된다.

균 3%씩 증가하고 있다. 이 변화율은 위험하지 않은 듯 보인다. 하지만 2배가 되는 시점은 앞으로 24년 뒤가 된다[17]. 이렇게 표현할 수도 있다. 연평균 3% 증가하고 있다면 앞으로 100년 뒤에는 지금보다 16배가 된다[18]. 이제 훨씬 위험해 보인다.

게임에 대하여

종이접기 게임은 보통 간단한 속임수나 장난으로 사용되기도 한 전통적인 두뇌 훈련 수수께끼에서 가져왔다. 이 게임으로 지수 성장의 위력을 잘 설명할 수 있다. 이 게임을 하면서 중요한 점은 엄청난 결과를 가져오는 지수 성장을 기후 변화와 연결하는 것이다. 하지만, 기후 시스템의 변화 속도에 비해 종이가 접힐 때마다 두꺼워지는 속도가 5백만 배 빠르기 때문에 기후 변화로 연결하기가 쉽지는 않다.

게임 진행

- **인원**

  인원수에 상관없이 할 수 있는 대규모 게임이다. 물론 많은 인원이 지켜볼 수도 있다.

- **소요 시간**

  5~15분

---

17 (역자 주) 72 ÷ 3 = 24
18 (역자 주) 앞 계산에 따라 더블링 타임은 24년이다. 계산하기 편하게 25년으로 하면 100년 동안 더블링 타임은 4번 반복된다. 따라서 2 x 2 x 2 x 2 = 16(배)이 된다.

- **공간**

  특별하게 이 게임은 참가자들이 앉은 자리에서 진행한다.

- **준비물**

  진행자가 사용할 침대보 또는 테이블 보 하나. 플립 차트와 같은 종이는 안 좋다. 네 번 접고 나서 두께를 알아보기 힘들기 때문이다.

- **게임 준비**

  손으로 접을 수 있는 천을 준비한다.

게임 하기

- **단계 1:**

  게임에 앞서 왜 이 게임을 하는지 이유를 설명한다.

  "지금까지 오랜 시간 동안에 나타나는 변화를 다뤘습니다. 이제 오랜 시간 동안에 나타나는 변화의 매우 중요한 점을 배울 수 있는 게임을 해 보겠습니다."

  준비한 물건을 들고 접지 않고 펼친다.

  "여기 침대보가 있습니다. 매우 얇죠."

  천의 귀퉁이를 청중에게 보여주면서 얼마나 얇은지를 실감하도록 한다.

- **단계 2:**

  "이제 1번 절반으로 접겠습니다. 2번 접습니다. 3번 접습니다. 그리고 4번 접습니다."

  실제로 진행자는 자신이 말하는 대로 접어본다.

"매번 접을 때마다 두께는 2배가 됩니다. 4번 접으면 침대보는 약 1cm 두께가 됩니다[19]."

청중이 그 두께를 확인하도록 접힌 면을 들어 보인다. 필요하면 약간 느슨하게 잡아도 된다. 자칫 너무 꼬집듯이 눌러서 접힌 면이 너무 얇게 보일 수 있다. 지금부터 진행자가 말하는 숫자는 4번 접었을 때의 두께에 따라 모두 달라진다[20].

"물론, 여러분이 물리적으로 힘을 줘서 절반으로 접는 것을 29번 더 해서 총 33번 접는 것은 불가능할 겁니다. 하지만, 할 수 있다고 상상해 봅시다. 얼마나 두꺼워질까요? 기억하시나요? 4번 접으니까 1cm였습니다. 29번 더 접으면 얼마나 두꺼워질까요?"

- **단계 3:**

청중으로부터 대답을 유도해 본다.

"이 천의 두께가 바닥에서부터 제 허리까지 올라오리라고 생각하시는 분은 손을 들어 주십시오."

잠시 멈춰서 주위를 둘러본다. 청중들이 솔직한 반응을 보인다면 손을 드는 사람이 몇 명쯤은 있게 마련이다.

"이번에는 천의 두께가 바닥에서부터 천정까지 올라갈 것으로 생각하시

---

19 (역자 주) 접는 물체에 따라 1cm가 아닐 수도 있다. 정확히 하는 것도 좋겠지만 청중들과 4번 접었을 때 1cm라고 가정하고 진행하는 것이 편하다.

20 (역자 주) 실제로 얇은 종이나 물체를 4번 접어서 측정한 실제 두께를 활용해서 이다음에 나오는 숫자를 모두 바꾸어 보는 연습을 해 보면 좋을 것이다. 하지만, 게임 진행 과정에서는 안 하는 것이 좋다. 시간이 길어질 수 있다.

는 분은 손을 들어 주십시오."

잠시 멈춰서 주위를 둘러본다. 누군가는

"달까지요."

라고 말할지 모른다. 이럴 때 진행자는 강조하면서 말한다.

"아닙니다. 달까지 아닙니다. 어림없습니다."

이제 답을 말한다.

"4번 접어서 두께가 1cm가 되었다면, 29번 더 접으면 이 천의 두께는 5,000km가 됩니다[21]. 부산에서 서울까지 325km입니다. 따라서 천의 두께는 부산에서 중국(2,246km)을 지나서 태국(3,518km)을 지나서 네팔(4,276km)을 지나서 인도의 수도 뉴델리(4,893km)를 훨씬 지나게 됩니다."

게임 정리

참가자들은 대부분 정답이 터무니없다고 생각한다. 그리고 뭔가 속임수가 있을 거라고 본다. 그래서 이 게임을 정리할 때는 대답을 수학으로 설명하고 싶을 것이다. 슬라이드나 화이트보드 등을 이용해서 1로 시작해서 매번 두 배가 되도록 29번을 해 보면 어마어마한 숫자를 만날 수 있다. 1, 2, 4, 8, 16,… 536, 870, 912 뭔가가 29번 두 배씩 증가한다는 것은 결국 5억 3천만 배로 커진다는 것을 의미한다. 침대보를 4번 접을 때 1.5cm라면 29번 더 접었을 때 8억 5백 30만cm가 될

---

21 $1*2^{29} = 536,870,912(cm) ≒ 5,369km$

것이다. 1km가 100,000cm이기 때문에 8,053km 두께가 된다[22].

두 배씩 증가하는 모습이 예상치 못할 정도로 어마어마한 수가 되는 것을 확인했으면 숫자를 그만 다뤄도 충분하지만, 매년 100% 성장률을 보이는 사례는 일의 자릿수 퍼센트로 성장률을 논의하는 현실 세계와는 맞지 않는 비현실적 사례라고 보는 사람들에게는 좀 더 설명할 필요가 있다. 이럴 때는, 만약 매년 4%로 성장하는 것이 있다면 100년 동안 50배 증가하게 되고, 200년 동안 2,500배 증가[23]한다는 식으로 설명하는 것도 한 방법이다.

시계열 그래프와 같이 시간에 따른 변화(BOT, Behavior Over Time)를 그래프에 그려보면 두께가 어떻게 증가하는지를 실감 나게 볼 수 있다. 다음 그래프는 1cm 두께 침대보를 매번 절반으로 접는 시간을 1초로 가정하고 33초 동안의 변화를 그려본 것이다.

전체 시간 길이에서 시작부터 80%가 될 때까지 거의 변화가 없는 것처럼 보이는 것에 주목해야 한다. 기후 변화에도 이런 문제가 나타난다. 매년 아주 조금씩 변하는 것은 대수롭지 않게 여긴다. 하지만, 결국 이 문제는 큰 변화로 발전한다. 이런 유사한 패턴을 본 적이 있는지 청중에게 물어보자. 인구의 증가나 에너지 사용의 증가도 유사한

---

22 (역자 주) 1.5×2^{29} = $1.5 \times 536,870,912$(cm) = 805,306,368(cm) ≒ 8,053km

23 (역자 주) 1이라는 수가 4%의 성장률로 1년에 1번 성장한다면 1년이 지났을 때 이자가 불어나는 방식처럼 $1+1 \times 0.04$ =1.04가 9 되고 2년이 지나면 $1.04+(1.04) \times 0.04$ = $(1.04)^2$가 된다. 따라서 1이라는 수가 100년이 지나면 $(1.04)^{100}$ = 50.5가 된다. 본문에서는 어림잡아 50배라고 했다. 200년이 지난 후는 $(1.04)^{200}$ = 2,550.7이 된다. 본문에서 는 어림잡아 2,500배라고 했다.

사례다.

시간이 허락하면, 인구의 증가를 더 자세히 다뤄봐도 좋다. 이 주제는 충격적이고 사람들의 관심을 끌기 때문이다. 이렇게 시작하자.

"방금 우리는 두 배로 증가하는 것을 총 33번 반복했습니다. 이유가 있습니다. 2017년 기준으로 세계인구는 약 76억 명이니까, 한 명에서부터 두 배씩 증가했다면 현재 지구의 인구는 32번 증가하고 33번째 증가하기 바로 직전 단계입니다[24]."

계속할 시간이 있다면 연못 수련 사례를 들어보자.

"프랑스에서 오래된 어떤 수수께끼는 지수 증가의 놀라움을 알려줍니다. 여러분의 뒷마당 연못에 수련(lily) 하나가 있다고 합시다. 이 수련의 수는 매일 두 배로 증가합니다. 당신은 이 수련을 내버려 두면 30일이 될 때 수련이 연못을 뒤덮게 된다는 것을 알고 있습니다. 그러면 연못 생태계는 숨이 막혀 치명적인 피해를 보게 됩니다. 그런데 오랜 시간 동안 수련의 개체 수는 여전히 작습니다. 그래서 연못 절반 정도 채워질 때까지는 잘라내려고 애쓸 필요가 없다고 결정했습니다. 재앙을 피할 시간은 어느 정도 있나요? 즉, 수련 개체 수가 연못의 절반 즉, 임계치까지 증가했을 때 조치할 수 있는 시간 여유는 얼마나 될까요? 정답은 단 하루입니다. 29일이 되는 날에 수련은 연못 절만을 덮게 되고 마지막 30일째 되는 날에 두 배가 되면서 연못 전체를 뒤덮게 됩니다. 만일 당신이 연못 절반이 채워질 때까지 기다린

---

24 (역자 주) 1명이 1번 2배가 되면 2명이 된다(1×2^1). 따라서 32번 반복하면 1×2^{32}=43억 명이고 33번 반복하면 1×2^{33} = 85억9천만 명이 된다.

다면 연못 수중 생태계가 숨 막힐 정도로 치명적인 피해가 시작되기까지 24시간밖에 남지 않습니다."

이런 변화의 패턴은 우리가 직관적으로 아는 것과 반대다. 우리는 보통 선형으로 증가할 것으로 믿기 때문이다. 예를 들어 일정한 숫자로 종이를 쌓는다면 쌓이는 두께는 선형으로 증가한다. 선형으로 증가할 때는 처음 변화량이 마지막 변화량과 같다. 하지만, 강화 피드백 구조에서는 비선형으로 증가하기 때문에 처음에 소소한 변화량도 빠른 속도로 어마어마한 크기로 바뀐다. 물체를 접는 사례에서 여러 번 접어 봐도 심각한 변화를 느끼지 못한다. 하지만, 성장하는 구조는 하나도 바뀌지 않았음에도 불구하고 폭발적인 변화가 새롭게 나타난 것처럼 보인다. 침대보를 접는 사례에서 34번째 접을 때는 5,369km 두께가 새로 추가된다.

14.

종이 찢기 게임

일방향 소통은 상호작용보다 훨씬 비효과적이다.

생각 열기

세상에는 고맙게도 비록 한 줌밖에 안 되지만 기후 변화를 속속들이 잘 이해하는 유능한 언론인들이 있다. 이들의 활동과 결과물은 세계 어디서나 널리 퍼져있고 형편없는 대중 소통 매체들이 엄청난 속도로 기후 변화 정책을 깎아 내리는 요즘 더욱 중요하게 되었다.

- 에릭 로스튼, "기후 변화: 녹아내리는 빙하는 걷잡을 수 없다"
Grist 사이트, 2010년 2월 19일 블로그

변화를 위해서 정보가 핵심이다. 정보량이 많아야 한다는 뜻이 아니다. 정보는 관련 있어야 하고, 눈을 사로잡아야 하며, 잘 선택되어야 하고, 영향력이 있어야 하며, 시의적절해야 하고 정확해야 한다. 이런 정보가 새로운 방식으로 새로운 사람들에게 새로운 정보를 담아서 새로운 규칙과 목표를 제시해야 한다. 이런 정보의 흐름이 바뀌면 시스템은 다르게 움직일 것이다.

- 도넬라 매도즈, 요르겐 랜더스, 데니스 메도즈,
「성장의 한계: 30년 후」, 2012년 판

소통에서 가장 큰 문제는 소통했다는 환상이다.

- 조지 버나드 쇼, 극작가

기후 변화와 연결하기

전 세계적으로 기후 변화는 심각하다. 그것을 극복하기 위한 우리의 장기적인 전략(행동)은 우리가 지금까지 경험하지 못했던 복잡하고 시급한 도전 과제다.

기후 변화 개념은 설명하기 특별히 어려운 개념 덩어리다. 많은 사람 눈에 보이지 않을 뿐 아니라 행동과 결과 사이에 엄청난 시간 지연이 있기 때문이다. 일반적으로 사람들은 날씨를 통해 기후의 특징을 이해하게 된다. 하지만 날씨(단기 현상)는 기후(매우 장기적인 날씨 패턴의 평균)와 근본적으로 다르다. 기후 변화의 원인은 다양한 경계를 넘나들며 발생하기 때문에 종종 한 분야 사람들이 말하는 기후 변화 원인을 다른 분야 사람들이 이해하지 못한다. 재정이 튼튼한 기관들은 모든 논쟁을 다루다 보니 오히려 문제가 혼란스러워지고 변화를 막는 역할을 하게 된다. 기후 변화의 위협을 이해하려면 대부분이 인지하는 것 이상으로 과학적인 지식이 있어야 하고 일상 경험과 관심에서 벗어난 도덕적인 도전까지 감당해야 한다. 우리 사회가 기후 변화를 적극적으로 대응하려면 이런 장애를 극복해야 한다. 효과적인 소통과 교육이 지금처럼 절실한 적이 없었다.

게임에 대하여

이 게임은 아주 단순한 내용을 소통하려고 노력해도 쉽게 실패할 수 있다는 것을 보여준다. 이 게임을 통해 참가자들은 왜 소통이 잘 안 되는 이유를 알게 되고 효과적인 소통을 위해 노력하려는 마음의 문을 열게 된다. 다양한 이해관계자들이 모여서 토론하다 보면 각자 다른 맥락에서 말하고 있다는 것을 알게 된다. 이런 현상은 특히 복잡한 구조를 이해해서 뭔가 바꾸려고 노력할수록 나타난다. 관점이 서로 다르다는 것이 명백하게 되면, 더 소통하고 싶은 마음에 자신들의 생각을 표현하는 빈도와 양을 늘리는 경향이 있다. 자신의 말을 들어 주는 사람과 공감하고 사람들이 뭘 이해하고 있고 뭘 이해하지 못하는지 잘 분간해야 하는데 보통 그렇게 하지 않는다.

일반적으로 능숙 능란하게 말을 잘하면 사람들의 마음에 같은 이미지가 남게 될 거라고 믿는다. 이 게임은 이런 생각이 얼마나 부질없다는 것을 잘 보여준다. 청중이 연설자의 목표를 명확하게 알고 그 의미를 잘 알아야 할 강한 동기부여가 있어도 마찬가지다. 도대체 소통은 얼마나 어려운 것일까? 제대로 되는 경우는 있는 걸까?

이 게임을 통해 듣고 소통하는 능력이 중요하다는 것과 같은 내용을 전달 해도 사람들이 다양하게 해석할 수 있다는 것을 깨닫게 된다. 이 게임은 기후 변화와 같이 복잡한 분야에서 대중에게 내용을 전달하고 행동을 유도하려는 사람들에게 도움이 된다. 일방향 소통, 쌍방향 소통 그리고 피드백을 활용한 소통의 차이를 알게 된다.

이 게임은 어떤 회의를 시작할 때 사람들에게 소통은 끊임없는 관심과 모든 사람의 참여가 필요하다는 것을 강조할 때 도움이 될 수 있다.

게임 진행

- 인원

  인원수에 상관없이 할 수 있는 대규모 게임이다. 하지만, 사람들은 다양한 결과를 비교하는 것이 필요하기 때문에 1, 2명 일 때는 효과를 보기 힘들다. 최소 5명 이상을 추천한다. 최대 인원은 무한정이다.

- 소요 시간

  10~15분

- 공간

  특별한 공간이 필요하지 않다. 이 게임은 특별히 모든 사람이 의자에 앉은 채 진행한다.

- 준비물

  인당 한 장씩 나눠 줄 A4 크기 종이가 필요하다. 재활용할 수 있는 종이가 제일 좋다. 종이 크기가 같다면 이면지도 상관없다. 양면으로 인쇄된 종이는 적절하지 않다.

- **게임 준비**

  준비된 종이를 한 사람이 한 장씩 갖도록 나눠 준다. 진행자도 한 장을 갖는다. 시간이 없다면 사전에 종이를 의자에 놓는 방식으로 미리 배포해서 청중들이 입장할 때 각자가 사용할 종이라고 안내하면 된다.

게임 하기

- **단계 1:**

  각자 자신의 종이를 들어달라고 요청한다. 모든 사람이 진행자를 보고 들을 수 있는 자리에 앉아 있는지 확인한다.

- **단계 2:**

  게임을 설명한다.

  "이 종이는 기후 변화에 대응하는 우리의 정책을 의미합니다. 저는 여러분에게 매우 중요한 새로운 정책을 알려드릴 것이고 여러분은 꼭 따라 주셔야 합니다. 매우 중요한 내용이기 때문에 신중하게 들어 주시기 바랍니다. 제가 이 정책을 여러분에게 전달할 때 저를 방해하거나 말하지 말아 주십시오. 질문도 하지 말아주십시오. 제가 요청한 대로만 행동해 주십시오. 종이를 찢는 것은 이 중요한 정책을 실행하는 것을 의미합니다. 우리의 목표는 이 종이를 가지고 똑같은 결과를 만들어 내는 것입니다."

- **단계 3:**

    모든 사람이 볼 수 있도록 종이를 들고 말한다.

    "종이를 반으로 접고 우측 하단 구석을 찢으십시오."

    진행자도 한다. 그리고 잠시 멈춰서 전부 잘 따라 하는 지 확인한다. 몇몇 사람이 좀 더 자세히 설명해 달라고 요구할 수도 있다. 그러면 이렇게 말하면 된다.

    "죄송합니다만 질문을 하지 말아 주십시오. 그저 제가 말씀드린 대로만 해 주십시오."

    계속 진행한다.

    "다시 반으로 접고 이번에는 우측 상단 구석을 찢으십시오."

    진행자도 한다. 그리고 다시 잠시 멈춘다. 계속 진행한다.

    "반으로 접고 이번에는 좌측 하단 귀퉁이를 찢으십시오."

    진행자도 한다. 그리고 다시 잠시 멈춘다.

    "좋습니다. 여러분은 모두 지적으로 뛰어나신 분들이고 저를 잘 따라줬습니다. 이제 여러분의 결과물을 확인하겠습니다."

    진행자도 자신의 종이를 펼쳐서 들어 보인다.

    "여러분의 종이를 펼쳐서 다른 분들이 볼 수 있도록 머리 위로 올려 주십시오."

    모든 사람이 둘러 볼 수 있을 정도로 시간을 준다. 물론 종이를 찢어서 만든 구멍 모양은 다를 것이다. 하지만, 이것은 중요하지 않다. 핵심은 구멍이 만들어진 패턴이 옆 사람과 같은지 다른지를 보는 것이다. 보통은 다르다. 아마 매우 다양한 패턴들이 나올 것이다. 몇 사람은 진행자와 같은 패턴일 수 있겠지만 대부분은 아닐 것이다.

• 단계 4:

어떤 일이 있었는지 그리고 자신의 것과 다른 사람의 것이 무엇 때문에 차이를 만들었는지 생각해 보라고 요청한다. 뭐가 잘못되었는지 서로 의견을 교환한 다음에 모든 사람이 똑같은 결과를 만들기 위해서 어떻게 해야 하는지 의견을 구한다.

게임 정리

보통 각자 자신의 종이로 4~5개의 다른 모양을 만든다. 아마 사람들은 간단한 내용을 단계별로 모두 같이 안내받았는데 다른 결과물을 만들었다는 점에 놀랄 것이다.

"여러분같이 지적인 분들이 실패했다는 것은 일반적으로 문제의 원인이 우리에게 있는 것이 아니라 구조와 과정에 있다는 뜻일겁니다. 왜 우리가 실패하게 되었나요?"

이 질문에 답할 수 있는 시간을 준다. 실패할 수밖에 없는 구조의 핵심은 다음과 같다.

- 일방향 소통. 진행자는 질문을 받지 않았다.
- 애매한 표현. '반으로 접어라', '우측 상단 구석' 등 여러 표현이 달리 해석될 수 있다. 예를 들어 진행자 입장에서 우측 상단이라면 진행자와 마주 보는 청중 입장에서는 좌측 상단이다. 구석을 찢을 때 접힌 면이 위인가 아래인가? 지시 내용은 많은 것이 생략됐다.
- 마지막 목표가 명확하지 않았다. 진행자는 마지막 결과물을 미리 보여주지 않았고 오로지 과정에만 집중했었다.

이런 실패 원인을 청중들이 말하도록 기다리거나 유도한다. 그리고 다음 질문을 던진다.

- "기후 변화의 원인과 결과를 명확하게 보여주는 것이 중요합니까? 그 이유는?"
- "정책에 관해 사람들이 같은 이해를 하는 것이 중요한가요? 그 이유는?"
- "기후 변화에 관해 토론할 때 어떤 면에서 이런 실수가 반복될까요?"
- "어떻게 하면 소통을 효과적으로 할 수 있을까요?"

참가자들이 기후 변화에 대응하는 활동을 할 때 도움이 되는 교훈으로 마무리한다. 가까운 시일 안에 이 교훈을 적용하고 이 게임에서 배운 소통 기술을 훈련할 기회를 만들려면 어떻게 해야 할까?

15.

볼펜 게임

지속 가능성은 기술보다 문화와 태도에 달렸다.

> **생각 열기**

우리의 발목을 잡는 것은 기술이 아니다. 우리 자신이 걸림돌이다. 기술은 우리의 지식과 창의성을 표현한 것이기 때문에 기술의 한계는 우리 자신의 한계가 반영된 것이다.

– 크리스찬 캔트렐, 소프트웨어 개발자이자 과학 소설 작가

지속 가능하지 않은 영혼으로 지속 가능한 문화를 만들기를 바랄 수는 없다.

- 데릭 젠스, 미국 사회 운동가이자 작가

실력이 없는 목수는 연장만 탓한다.

-영국 속담

기후 변화와 연결하기

기후 변화를 염려하는 많은 사람은 화석 연료에 이별을 고하고 바람, 태양, 바람, 비, 조수, 파도, 지열 등 탄소가 없는 에너지 자원으로 갈아타기 위해 기술 발전을 학수고대한다. 하지만, 바라던 새로운 기술이 도입된다고 하더라도 우리 사회가 인구 성장을 문제 삼지 않고, 경제 성장을 추구하고, 성공의 척도로 인당 국민총생산을 들먹거리는 한 끔찍한 기후 변화를 막을 수 없다.

게임에 대하여

이 게임은 이 책의 저자인 데니스 메도즈 박사가 일본에 있을 때 시간이 촉박한 상황에서 효과적으로 소통하기 위해 만들어졌다. 당시 커다란 문화 장벽을 경험한 메도즈 박사는 기술 정책을 주제로 한 며칠짜리 콘퍼런스에 모인 수천 명의 기업인과 정부 관계자들과 소통해야만 했다. 이 콘퍼런스의 주제는 '지속 가능한 발전을 위한 기술'이었고 메도즈 박사는 이 주제가 잘못된 개념이라고 알리고 싶었다. 기술은 지속 가능한 발전을 위한 핵심 주제가 아니다. 기술은 그 기술을 개발하고 사용하는 사람들의 가치와 목적에 부합할 뿐이다. 만약, 사람들이 중요하게 여기는 가치와 목표가 성장이라면 개발된 기술은 '지속 가능한' 발전이 아니라 성장에만 도움을 줄 뿐이다. 기후 변화와 유한한 지구에서의 물리적 성장이 빚어내는 현상들을 제대로 해결하려면 우리 사회의 가치와 규범을 먼저 바꿔야 한다. 이 게임을 통해 지속 가능성은 기술 문제가 아니라 본질적으로 사회의 규범, 문화 관습 그리고 심리 태도의 문제라는 점을 깨닫게 된다.

게임 진행

- **인원**

  인원수에 상관없이 할 수 있는 대규모 게임이다.

- **소요 시간**

  5~10분

- **공간**

  특별한 공간이 필요하지 않다. 이 게임은 모든 사람이 의자에 앉은 채 진행한다.

- **준비물**

  두 개의 볼펜이 필요하다. 한눈에 봐도 비싸 보이는 펜과 저렴한 펜이 좋다. 이왕이면 고급 볼펜은 잘 아는 고급 브랜드로 하고 저렴한 펜은 충전 가능하고 친환경티가 나게 나무나 골판지 재질로 만든 펜이 더 좋다. 실물이 없다면 고급 볼펜과 저렴한 볼펜 이미지를 슬라이드로 보여 줘서 두 종류의 볼펜을 사용한다는 점을 상상하게 만들면 된다.

- **게임 준비**

  두 종류의 볼펜을 주머니에 두거나 프로젝터로 보여 준다.

> **게임 하기**

다음 대본에서는 고급 볼펜으로 몽블랑 펜, 저렴한 볼펜으로 재생 골판지로 만든 볼펜을 사용하는 것으로 했다.

- **단계 1:**

  "우리는 지속 가능한 발전에 관한 고민을 나누기 위해서 모였습니다. 저는 여러분에게 '지속 가능성'이 과연 어떤 의미인지 보여주기 위해 간단한 게임을 할 것입니다. 저에게 두 종류 펜이 있습니다."

  청중이 잘 볼 수 있도록 들어 보여준다.

  "첫 번째 볼펜은 몽블랑입니다. 매우 비싸고 값진 재질로 만들어졌습니다. 글 쓰는 데 사용합니다. 한 자루에 45만 원 정도 합니다. 두 번째 볼펜은 나무와 재생 골판지 등으로 만들어졌습니다. 글 쓰는 데 사용합니다. 한 자루에 1,200원 정도 합니다. 어떤 것이 더 지속 가능합니까?"

  진행자는 모든 사람이 대답할 수 있도록 다음과 같이 선택지를 준다.

  "몽블랑 펜을 1번이라고 하겠습니다. 그리고 골판지 볼펜을 2번이라고 하겠습니다. 이제 여러분은 어떤 것이 더 지속 가능 한지 결정하시고 1번이라면 손가락 하나 2번이라면 손가락 두 개를 펴서 조용하게 옆 사람에게 보여 주십시오."

청중들이 신중히 결정하고 옆 사람에게 보여 줄 수 있도록 충분히 시간을 둔다. 조용히 옆 사람에게 보여주라고 한 이유는 어떤 문화에서는 자신에게 '틀렸다'고 말하는 주위 사람의 시선을 염려해서 의사 표현을 꺼리기 때문이다.

- 단계 2:

계속한다.

"이제 두 가지 정보를 더 드리겠습니다. 몽블랑 펜은 제 사무실 밖으로 나가지 않습니다. 그래서 죽을 때까지 사용할 겁니다. 그리고 죽기 전에 친구에서 사용하라고 넘겨줄 겁니다. 반면에, 재생 가능한 골판지 볼펜은 제가 집 밖에 나갈 때마다 한 자루씩 잃어버립니다. 그래서 저는 매년 수십 자루 볼펜을 사게 됩니다. 골판지 볼펜 심이 다 닳으면 버리고 새로 삽니다. 심을 바꾸는 비용이 새로 사는 비용보다 더 크기 때문입니다. 다시 질문하겠습니다. 어느 쪽이 더 지속 가능합니까? 다시 결정해서 손가락 하나 또는 두 개를 펴서 옆 사람에게 보여 주시기 바랍니다."

잠시 멈추고 말한다.

"여러분, 많은 분이 생각을 바꿨습니다."

사실 진행자는 확신할 수 없을지 모른다. 하지만, 몇 명은 생각을 바꿀 가능성이 있기 때문에 아무도 많은 사람이 생각을 바꿨다는 말을 의심하지 않는다.

"그러나, 제가 여러분에게 드린 새로운 정보에는 볼펜 자체의 기술이 빠져있었습니다. 저와의 관계, 저의 습관, 그리고 볼펜에 대한 저의 태도만 언급했을 뿐입니다. 이 게임이 알려주는 것은 지속 가능성의 속성은 어떤 도구의 물리적인 기술에 있는 것이 아니라는 겁니다. 대신, 지속 가능성은 도구와 우리와의 관계에 있습니다. 새로운 기술을 도입하면 지속 가능성을 더 쉽게 얻을 수 있을지 모르겠습니다. 하지만, 우리가 이미 가지고 있는 기술을 잘 이용해도 온실가스 배출량을 줄일 수 있습니다. 따라서, 더욱 중요한 것은 현재 기술에 대한 새로운 태도와 관계입니다."

게임 정리

다음과 같은 질문이 도움이 될 것이다.

- "온실가스 배출량을 줄이는 기술적인 조치는 어떤 것들이 있나요? 이 조치들이 현재 사회의 변화 없이 효과적일까요?"
- "온실가스 배출량을 줄이는 사회적인 조치는 어떤 것들이 있나요? 이 중에서 가장 많이 논의되는 것이 무엇인가요?"
- "우리 사회가 무한한 성장을 원하는데 순전히 기술만으로 온실가스 배출을 안정 수준으로 만들 수 있을까요?"
- "성장하도록 충동하는 사회적 문화적 요소를 바꾸기 위해서 무엇을 할 수 있나요?"
- "이런 변화가 성공한다면 어떻게 온실가스 배출량에 영향을 미칠까요?"

16.
생존 게임

상자 밖 사고는 상생 해결책을 만들 수 있다.

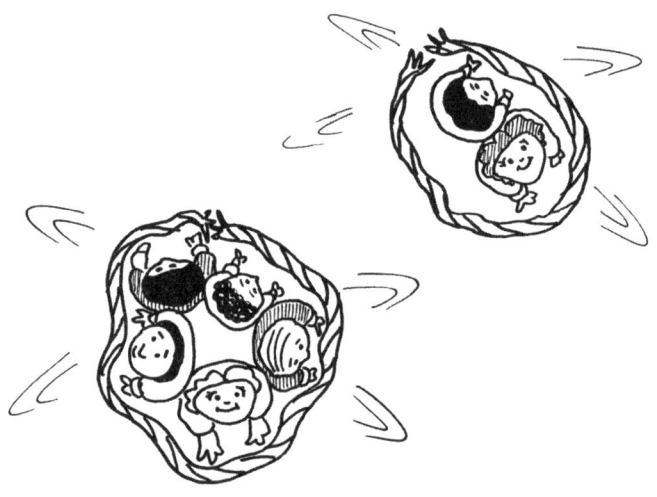

> 생각 열기

기후 변화 정책에 관한 불편한 진실은 어느 국가도 이 도전 과제를 해결하기 위해 경제를 포기하지 않는다는 점이다. 하지만, 모든 국가는 지속 가능한 토대 위에서만 장기적으로 성장할 수 있다는 것 또한 알고 있다.

— 토니 블레어, 전 영국 총리

금융 위기는 각자가 금융 자산의 한계를 넘어서 살았기 때문에 발생한다. 기후 위기는 인류가 지구 자산의 한계를 넘어서 살고 있기 때문에 발생한다.

-이보 더부르, 전임 '기후 변화에 관한 유엔 기본 협약' 기구 사무총장

당신이 뭘 가지고 있는 것보다 당신이 가지고 있는 것을 나누는 것이 더욱 중요하다.

- 앨버트 M. 웰스, 작가

기후 변화와 연결하기

사라져가는 자연 자원은 모두가 공감하는 기후 위기 중 하나다. 숲의 자정 능력이 소멸하고, 강수량이나, 섬과 연안 국가들의 생물 서식지, 북극곰에게 필요한 북극 빙하가 줄어드는 등 많은 예가 있다. 인간을 포함한 지구상에 있는 생물체는 사라지고 있는 자연 자원의 위기에 직면하고 있다.

줄어드는 자연 자원에 적응하려는 좋은 시도도 우리 깊숙이 뿌리 내리고 있는 세 가지 생각의 습관 때문에 실패하게 된다. 이 사고방식이 복잡한 문제에 대한 우리의 태도를 만든다.

첫째, 사람들은 자원을 잘 나누는 것에 관해 생각하거나 말하는 것을 꺼리며 이런 생각을 한다.

"저 사람이 더 많이 가져가면, 나는 덜 가지게 될 거야."

둘째, 사람들은 문제가 많이 알려지게 될 때까지 그 문제를 외면하는 것을 선호하며 이런 생각을 한다.

"내 눈에 보이면 그때 뭔가 할 거야."
셋째, 사람들은 과거의 성공에 빠져서, 이런 생각을 한다.
"그 방식이 이전에 먹혔으니 이번에도 괜찮을 거야."
이 게임은 단체 경험을 통해 이 세 가지 생각의 습관이 어떤 결과를 만드는지 보여준다.

게임에 대하여

이 게임에서 참가자들은 줄어드는 자원을 대하는 다양한 태도를 경험할 수 있다. 이 게임에서 단체 의견을 변경하거나 혁신을 일으킬 수 있는 기본적인 규칙들이 소개되는데, 이 게임을 하다 보면 우리가 습관적으로 일 처리하는 방식을 뒷받침해 주는 자원이 충분하지 않았을 때 생기는 상황이 떠 오르게 된다. 그래서 비록 지금은 성공적으로 보일지라도 더 새로운 계획과 정책이 필요할 수 있다는 열린 생각을 하게 만들어 준다.

이 게임은 일반적으로 워크숍 초기보다는 조금이라도 서로 알게 되고 몸을 서로에게 가까이 움직여도 어색하지 않을 때 하는 것이 좋다.

게임 진행

- **인원**

    최소 인원이 10명에서 30명까지 할 수 있는 중간 규모 게임이다. 25명이 가장 적합하다. 30명보다 많으면 15명에서 20명 단위로 나눈다.

• 소요 시간

15~30분

• 공간

주위에 장애물이 없고 산만하지 않다면 실외 장소가 제일 좋다. 실내 장소를 원하면, 최소 가로세로 6m의 열린 공간으로 장애물이 없어야 한다. 장소가 넓을수록 좋다.

• 준비물

참가자 인당 3m로 계산한 길이로 긴 끈을 준비한다. 20명이라면 60m 길이 끈을 준비한다. 첫 번째 게임에서 진행자는 각기 다른 길이로 끈을 자른 다음 각각 엮어서 여러 개의 원형 끈을 만들 것이다. 다음 순서에서 다른 모둠과 할 때 얼마든지 재활용할 수 있는데 상황에 맞게 원형 끈을 서로 엮어서 적당한 크기로 만들 필요가 있다. 합성 재질은 잘 풀릴 수 있어서 실로 만든 빨랫줄과 같은 끈이 좋다. 매듭이 풀어지지 않는지 잘 점검해야 한다.

• 게임 준비

다음은 20명 상황으로 예로 든 것이다. 준비한 줄의 절반을 1m 단위로 자른다. 20명이라면 60m의 절반, 즉 30m 길이 끈을 1m짜리 30개를 만든다. 각 끈의 끝을 묶어서 원형 끈을 만든다. 각 원형 끈은 한 사람의 두 발을 두를 수 있어야 하는데, 두 발을 땅바닥에 붙인 상태에서 신발이 끈에 닿거나 원 밖으로 나가지 않는지 확인한다. 이제 남은 절반의 5분의 1로 2~3명의 발을 두를 수 있도록 2m짜리 원형 끈을 만든다. 20명 경우에는 30m의 5분의 1인 6m로

2m짜리 원형 끈 3개를 만들면 된다. 그리고 전체 참가자의 3분의 2가 촘촘하게 설 수 있을 정도의 원형 끈을 만든다. 예를 들어 총인원이 10명이라면 4.5m 길이로 끈을 잘라서 원을 만들고, 25명이라면 6m 길이로 잘라서 원을 만든다. 20명이라면 6m 길이로 잘라서 원을 만든다. 이제 남은 줄로 5명을 두를 수 있도록 3.5m짜리 원을 만든다. 20명을 기준으로 하면 남은 18m 줄로 3.5m짜리 원을 5개 만들 수 있다.

모든 원형 끈을 각각 최소 30cm 거리를 두고 바닥에 내려놓는다. 각각의 원은 원 모양으로 잘 펴 놓는다. 바닥에 놓은 원의 개수는 참가자 수보다 많아야 한다.

- **고려할 점**

이 게임을 하면서 사람들은 몸을 움직일뿐더러 서로 가까이 붙게 된다. 만약 한두 명이 불편하게 여긴다면 그 참가자에게 다른 역할을 맡기는 것도 좋다. 예를 들어 원형 끈을 들거나 참가자들이 제대로 하는지 감시하는 역할을 줄 수 있다. 하지만, 더 많은 사람이 불편하게 여긴다면 차라리 이 게임을 안 하는 것이 좋다. 남자와 여자를 나눠 진행해서 이성과의 접촉을 없애는 것도 생각해 볼 수 있다. 이 게임 과정에서 몰려다니면서 신체 접촉에 스트레스를 받는 사람이 있는지, 균형을 잃고 쓰러지는 사람이 있는지 예의주시해야 한다. 이 게임은 수백 번 넘게 해오고 있지만, 문제는 없었다. 그렇다고 안심해서는 안 된다.

게임을 정리할 때 특정 사람을 지목해서는 안 된다. 그리고 자신들의 생각을 나눌지 말지도 참가자들에게 맡겨야 한다.

> 게임 하기

• 단계 1 :

사람들을 원형 끈 주위로 모은다. 모둠이 하나 이상이면 각 모둠에서 한 사람을 감독관으로 임명한다. 모든 사람은 아무 원이나 선택해서 들어가는데 한 발이라도 원 밖에 나가면 안 되고 원형 끈에 닿아도 안 된다고 안내한다. 가장 좋은 것은 각자가 하나의 원을 차지해서 시작하는 건데 꼭 필요한 것은 아니다.

• 단계 2 :

게임의 규칙을 설명한다.

"여러분이 서 있는 공간이 중요한 자원이라고 생각하십시오."

여유있는 공간을 찾아서 다음 예시와 연결해 본다. 생존이 가능한 수준으로 만들기 위해 이산화탄소를 흡수하는 숲, 생물들의 서식지, 경작 가능한 토지, 가축들을 위한 목초지, 농산물 경작을 위한 물 등등.

"이 게임에서 살아남으려면 여러분은 각자 적절한 원형 끈을 찾아 이동해야 합니다. 게임 단계마다 여러분은 한 발이라도 원형 끈에 안 닿을 뿐만 아니라 원 밖으로 나가지 않을 수 있는 공간을 찾아야 합니다. 제가 '자리 바꿉시다'라고 말한 뒤 30초 안에 적당한 공간을 확보 못 한 분은 옆으로 빠져 주시면 됩니다."

앞으로 어떤 방식으로 진행하는지 설명한다.

"저는 여러분 각자가 적당한 공간을 확보하거나 옆으로 빠진 것을 확인한 다음에 '자리 바꿉시다'라고 말할 겁니다. 그러면 원 안에 있는 분들은 그 원에서 나와서 다른 원으로 들어가야 합니다. 저는 여러분이 원 안에 양발을 들여놓는지 원형 끈에 발이 닿는지 한 발이 원 밖으로 나갔는지 아예 실패했는지 지켜볼 것입니다. 그리고 저는 다시 '자리 바꿉시다'라고 말할 겁니다."

- 단계 3:

모든 사람이 양발을 원 안에 들여놓았는지 원형 끈에 닿지는 않았는지 아니면 원 밖으로 발이 빠져나오지는 않았는지 확인한 다음에 아래와 같이 말한다.

"자리 바꿉시다."

모든 사람이 지시에 따라 다른 원으로 옮기고 규칙을 지키는지 못 지키는지 기다리면서 살펴본다.

- 단계 4:

세 번째 반복한다. 하지만, 이번에는 비어 있는 원이 있으면 작은 원부터 몇 개씩 치워버린다. 이때 도우미가 있으면 좋다. 게임이 반복되면서 결국에는 사람이 있는 원도 없애기 시작한다. 참가자 몇몇은 거부할 수도 있다. 그러면 아예 원형 끈을 풀어버린다. 참가자들은 아마 잠시 당황한 다음에 한 사람 이상이 들어갈 수 있는 더 큰 원형 끈을 발견할 것이다. 진행자는 이런 생각들이 개인에게 시작돼서 모둠 전체로 퍼지는 것을 잘 포착해야 한다.

진행자는 원형 끈을 제거할 때마다 구체적인 환경 문제를 언급하면서 더욱 극적으로 연출할 수 있다.

"방금 우리들은 32,000헥타르의 숲을 잃었습니다."

또는,

"남극 빙하 동쪽에서 570억 톤의 얼음이 떨어져 나갔습니다."

식으로 적절한 비유를 사용하면 좋다.

- 단계 5:

  몇 단계를 더 거치는 동안 작은 원형 끈은 더 사라질 것이다. '자리 바꿉시다'라고 신호를 준 뒤 30초 안에 적당한 공간을 확보하지 못한 사람을 발견할 때마다 활동 공간에서 아예 빠져서 게임을 지켜보도록 안내한다. 게임을 더 못하는 사람들에게 잘 관찰해 달라고 부탁한다. 이 관찰이 게임이 끝날 때 큰 도움이 되기 때문이다. 그리고 이렇게 관찰해 달라고 부탁하는 것이 계속 게임에 참여하게 만드는 동기가 된다.

- 단계 6:

  원형 끈이 하나 또는 두 개 정도 남았을 때 모든 참가자가 원 안에 있는 것은 불가능하게 된다. 이때 어떤 참가자들은 동료를 목마를 태워서 인간 피라미드를 만들려고 하는데 허락해서는 안 된다. 위험하기 때문이다. 모든 사람은 혼자 힘으로 두 발로 땅을 밟아야 한다는 점을 재강조한다.

어떤 사람들은 두 발의 발바닥을 모두 땅에 닿지 않고 발끝으로 서도 되느냐고 물어볼 수 있다. 이럴 때 좋은 답은 다음과 같은 말이다. "금지된 것이 아니면 허락한 것으로 볼 수 있습니다."

결국 몇몇은 꼭 원 안에 있지 않고 원 밖에 앉거나 누워서 두 발만 원 안으로 둬도 문제가 안 된다는 것을 알아차린다. 이때 진행자는 어떻게 또는 누구와 함께 이런 아이디어를 생각해 내는지, 그리고 다른 사람은 그 생각에 동조하는지 거부하는지를 잘 관찰한다.

한 모둠에서 지위가 높은 사람이 생각을 주도하고 그 모둠의 다른 사람들이 따르는 경향이 있다. 그런데 같은 생각이라도 다른 모둠에서 나온 것이라면 무시할 것이다. 이 현상을 잘 기억했다가 게임 마무리에서 의사소통의 비대칭성을 강조할 때 활용한다.

- **단계 7:**

생존자들이 마지막 남은 원 안에 발 들여놓기를 성공하면 게임을 마친다. 전체 짧은 박수를 유도한다. 바닥에 앉은 사람들을 일어나게 하고 게임 마무리 단계로 넘어간다.

> **게임 정리**

이 게임을 통해 시사점을 많이 끌어내기 위해서는 게임 마무리 시간이 충분해야 한다. 진행자는 세 가지 면에서 다양한 토론을 유도할 수 있는 질문을 던질 수 있다.
첫 번째는 참가자들의 행동에 집중하는 것이다.
참가자들이 스스로 자기 생각과 느낌 그리고 결론을 도출할 수 있도록 시간을 준 다음 질문한다.

> - "이 게임에서 어떤 일이 있었나요? 이 게임을 통해 뭔가 느낀 바가 있어서 이런 점을 공유했으면 좋겠다는 말씀을 해 주실 분이 있을까요?"

두 번째는 이 게임의 원인과 결과를 살펴보고 숨어 있는 전제, 패러다임 변화, 통제, 형평성의 윤리 등을 떠 올릴 수 있는 질문들을 던져 본다.

> - "이 게임을 시작할 때 원형 끈이 충분했으니까 각자 하나씩 가져야 한다고 생각했나요? 왜 그렇게 생각했나요?"
> - "사람을 떨어뜨리는 전략을 짜는 것에 집중한 것은 어쩔 수 없다고 생각하시나요?"
> - "게임 하는 동안 장기적인 전략을 토론할 시간을 가졌나요? 왜 그렇게 하지 않았나요?"
> - 사람들은 보통 진행자를 탓하면서, 진행자가 "자리 바꿉시다."라고

말하면서 압박했기 때문이라고 말한다. 사람들이 그렇게 말을 하면 다음과 같은 질문으로 되묻는다.

- "원 안에 있을 때 공간을 찾지 못해서 원 밖에 있는 사람을 보고 어떤 감정을 느끼셨나요? 공간을 찾지 못 한 것은 누구 책임인가요?"
- "자원이 점점 줄어든다는 것을 알아차렸을 때 어떤 느낌이 들었나요? 종종 자포자기하는 심정이 들기도 합니다. 어떤 행동을 하게 되던가요? 혁신적이고 창의적으로 문제를 해결하려고 더 열심히 하던가요? 덜 하던가요?"
- "원 밖에 있는 분들은 원 안에 있는 사람을 보시고 어떤 느낌이 들던가요? 아무도 여러분이 여유 공간을 갖도록 애쓰지 않았는데 누구 책임인가요?"
- 원 밖으로 내쫓긴 사람들에게 어떤 심정인지 물어본다.
- "이 게임을 잘하려면 두 가지 면에서 생각을 바꿔야 합니다.
  첫째, 굳이 자신만의 원형 끈을 반드시 가질 필요가 없다는 것을 알아야 합니다. 나누는 방법도 있기 때문입니다.
  둘째, 발을 꼭 바닥에 닿지 않아도 된다는 것을 알아차려야 합니다. 이런 생각의 전환이 어떻게 일어났었나요? 이런 생각을 누가 먼저 했나요? 이미 공간을 차지한 사람이 했나요? 아니면 쫓겨난 사람이 했나요? 이 생각을 한 사람의 또 다른 특징은 무엇인가요? 이런 생각의 변화에 사람들의 반응은 어떠했나요? 지지했나요? 거부했나요? 모둠 전체가 이런 변화를 지지했다면 그렇게 만든 사람은 생각을 제시한 사람이었나요?"

- "사실, 게임 초기부터 여러분은 이렇게 게임을 하다 보면 모든 사람에게 넉넉했던 공간이 모자라게 된다는 점은 알고 있었습니다. 미래의 한계가 빤히 보일 때, 즉각 행동을 바꿨나요? 아니면 더는 대안이 없을 때까지 기다렸다가 혁신하려고 했나요? 만일 기다렸다면, 왜 그랬나요? 등 떠밀려서 시스템의 한계에 대처하면 어떤 비용을 치르나요? 시스템을 어떻게 바꿔야 한계를 알아차리고 위험이 닥치기 전에 알아서 혁신하게 될까요?"

세 번째 진행자가 게임에 관해 이야기 하면서 자연스럽게 기후 변화 주제로 넘어갈 수 있다.

- "이 게임이 기후 변화와 관련해서 어떤 점이 닮았나요? 이 게임의 결과를 빚어내는 원인이 실생활에서 존재하나요? 기후 변화를 막기 위해 새로운 생각이 나올 때 예상할 수 있는 일반적인 현상은 어떤 것이 있을까요?"

진행자는 대본에 다양한 사례를 언급할 수 있다. 이산화탄소를 흡수하는 나무, 생명체에 익숙한 서식지, 물, 농경지, 야생종들이 줄어드는 현상과 섬들이 물에 잠기는 현상 등이 좋은 예다. 기후 변화가 어떤 방식으로 영향을 미쳤길래 자원이 계속 줄어들고 있는 것일까? 기후 변화를 막기 위해서 새롭고 건설적인 생각을 퍼트려야 하는데 이 게임에서 도움이 될 만한 교훈을 찾는다면 어떤 것이 있을까? 참가자들이 변하는 모습을 잘 관찰했다면 진행자는 게임을 마무리하면서 자원이 줄어들더라도 자원을 공유하고 협력할 수 있는 창의적인 방법을 얼마든지 찾을 수 있다는 것을 강조할 수 있다.

17.
사각형 만들기 게임

목표를 공유해야 협력 효과가 나온다.

> 생각 열기

세상을 다시 만들 힘은 우리 안에 있다.

-토머스 페인, 철학자

문명과 문화는 우리가 함부로 건드리지 못하는 신성한 것을 만들고 현실세계 기본규범과 가치를 만든다. 하지만, 문명과 문화는 우리가 이 시대에 해야 할 역사적 사명을 실천하지 못하게 가로막는 역할도 한다. 따라서 문명과 문화가 가르치려는 것과 내뿜는 에너지가 미래를 이끌고 바람직한 미래모습에 영감을 주는 것이라고 보기 어렵다. 또한 우리 앞에 놓인 힘들고 중요한 일을 도와 주지도 않는다. 그래서 늘 새로운 것이 일어난다. 새로운 비전과 새로운 에너지가 수면 위로 오르게 마련이다.

- 토마스 베리, 생태신학자

복원력 속성 중 가장 강력한 것은 자기 조직화 능력이다. 시스템은 진화하면서 스스 변하고 어떤 외부 영향에도 살아남는다.

- 도넬라 메도즈, 환경 지도자

기후 변화와 연결하기

심각한 기후 변화 부작용을 피하려면 우리 삶, 정치 제도, 경제를 떠받치고 있는 근본 구조를 대대적으로 바꿀 필요가 있다. 그런데, 기후 변화는 미래에 일어나는 충격이기에 쉽게 인지하지 못한다. 그래서 복원력과 사회 학습 역량을 우리 시스템에 심어야 한다. 그래야 기후 변화 원인을 제거하는 싸움을 하면서 동시에 급변하는 환경에서 자기 조직화를 이루며 비전을 공유할 수 있다.

게임에 대하여

사각형 만들기 게임은 실제 주위에서 일어나는 상황을 빼다 박은 듯한 느낌을 준다. 각자가 상황을 충분히 파악하지 않은 상태에서 문제와 해결책을 공유하려고 애쓸 때 나타나는 부작용이 발생하는데, 이 게임은 이 상황을 잘 보여준다. 참가자들은 문자 그대로 암흑 속에서 헤매게 된다.

성공적으로 작동하는 자연 시스템이나 사회 시스템에는 자기 조직화 능력이 있다. 자기 조직화 역량이 높은 시스템일수록 독자적으로 외부 환경과의 상호작용에서 자신의 상태를 잘 파악할 수 있으며, 환경 변화에 적응한다. 이 게임은 한 집단을 자기 조직화 단위라고 할 때, 팀워크, 비전 공유, 가시화, 시스템사고 등을 활용하여 자신만의 방식으로 자기 조직화하는 것이 얼마나 어려운지를 보여준다.

이 게임의 목적은 사회학습의 의미를 경험하게 하고, 상황을 충분히 파악하지 못했을 때 어떻게 자기 조직화를 하는지 알려 주는 것이다. 모두에게서 보는 능력을 없애서 몸동작이나 표정같은 다양한 비언어 소통을 못하는 상황을 만들면 사람들은 새로운 환경에 적응하려고 애쓴다. 즉, 자기 조직화 단계를 경험한다.

그리고 이 게임은 공유 비전 만들기, 집단 문제 해결, 소통과 같은 분야에 교육용으로 활용할 수 있다.

게임 진행

- **인원**

    이 게임은 모두가 참여하는 중간 규모 게임으로 8명에서 최대 30명이 필요하다. 30명 이상일 때는 충분한 끈과 공간이 있고 참가자들이 안전하게 진행하는지 지켜볼 수 있다면 여러 모둠으로 동시에 진행할 수 있다.

- **소요 시간**

  20~30분

- **공간**

  긴 끈으로 사람들을 느슨하게 두를 수 있는 넓은 공간이어야 한다. 그리고 비록 모둠 단위로 천천히 움직이지만, 안대를 써서 앞을 못 보기 때문에 게임을 하는 공간에는 장애물이나 가구들이 가까이 있으면 안 되고 벽 근처에서도 진행하면 안 된다.

- **준비물**

  9m 이상 긴 끈, 안대

- **게임 준비**

  끈을 근처에 둔다. 다만, 엉켜서 푸느라 고생하지 않도록 쉽게 풀 수 있도록 해야 한다.

게임 하기

- **단계 1:**

  참가자들을 어깨가 맞닿도록 일렬로 세운다.

  이때 참가자들은 모두 한쪽을 바라본다. 참가자들의 손을 앞으로 뻗고 손바닥을 위를 향하게 한다. 진행자는 한쪽 끝 사람의 손에 끈의 끝을 올려놓고 끈을 들고 사람을 따라 이동하면서 끈이 각자의 양손 손바닥 위에 올려지도록 한다. 반대쪽 끝까지 갔으면 진행자는 처음 위치로 돌아오는데 끈이 바닥에 닿게 한다. 처음 위치로 돌아왔으면 끈의 양쪽 끝을 묶는다. 모든 사람은 끈의 절반으로 이어진 모양이 된다.

• 단계 2:

참가자들에게 게임 규칙을 말한다.

"게임 내내 눈을 감아 주십시오(또는 안대를 착용해 주십시오). 잠시 후에 여러분이 할 일을 알려드리겠습니다. 끈 전체를 사용할 겁니다. 끈을 따라 오갈 수 있지만 사람 순서를 바꿀 수 없습니다. 각자 판단해서 모두가 해야 할 일을 마쳤다고 생각하면 손을 들어 주십시오. 그러면 저는 여러분이 눈을 감은 채 투표를 할 겁니다. 과반수가 되면 저는 게임 진행을 중지하고 여러분은 눈을 뜰 수 있습니다(안대를 풀 수 있습니다). 만약 과반수가 안 되면 여러분은 눈을 계속 감은 채 게임을 계속하게 될 겁니다."

보통 참가자들은 이 대목에서 서로 대화를 해도 되냐고 질문한다. 이에 대한 적절한 답변은 다음과 같다.

"금지하지 않은 것은 허락한다는 뜻입니다."

만약, 일부 참가자가 눈 감기를 거부하거나 우연이 눈을 뜨게 되면 끈을 놓고 조용히 뒤로 빠지라고 안내한다. 이렇게 뒤로 빠진 사람은 관찰자가 되어서 게임 마무리할 때 진행자를 돕는다. 물론, 이런 관찰자 역할을 자원자에게 맡길 수 있다.

- 단계 3:

    다음과 같이 말한다.

    "여러분의 목표는 끈을 놓지 않은 채 모둠 전체가 사각형을 만드는 것입니다."

- 단계 4:

    진행자는 안전을 위해 참가자들이 벽이나 나무, 구멍 등에 가까이 가지 않도록 안내해야 한다. 참가자들이 스스로 문제 해결할 수 있도록 진행자는 침묵한다.

    게임을 끝냈다고 생각해서 손을 드는 사람이 있으면 진행자는 게임을 잠시 멈추고 사람들에게 눈을 계속 감은 채 투표하도록 안내한다. 만일 게임을 끝냈다고 생각하는 사람이 과반수가 안 되면 게임을 계속 진행한다. 과반수가 게임을 끝냈다고 투표하면 게임을 마치고 눈을 뜨게 한다. 이때 참가자들이 끈으로 만든 형태를 잘 유지하도록 조심히 끈을 바닥에 내려놓게 한다.

• 단계 5:

참가자들 본인이 만든 형태를 관찰하도록 시간을 잠시 준 다음 편한 자리에 앉게 한 뒤 게임 마무리를 진행한다. 게임 마무리하는 과정에서 끈 모양은 계속 유지되어야 한다.

게임 정리

모둠에 따라 정확하게 사각형을 만들기도 하고 삼각형이나 아메바 같은 형태를 만들기도 한다. 하지만, 어떤 모양이든 진행자와 참가자는 이 게임을 통해 배울 점을 끌어낼 수 있다. 관찰자가 있다면 자신들이 목격한 것을 말하도록 한다. 그리고 참가자들에게 경험한 것을 설명하도록 질문한다.

- "우리 사회가 기후 변화를 막거나 기후 변화에 적응하기 위해서 직면한 문제와 이 게임에서 우리가 해결해야 할 문제가 비슷한 점이 있나요?"
- "문제를 함께 해결하기가 얼마나 쉬웠나요? 어려웠나요? 만약, 함께 해결해야 할 문제가 기후 변화라면 어떨까요?"

- "게임을 진행할 때, 서로 도와서 문제를 해결하는 과정에 어떤 특이한 점이 있나요? 문제를 해결하지 못할 때 나타나는 특징은 무엇인가요? 또한 해결하지 못하게 가로막고 있는 장애물은 무엇이며, 어떤 특징이 있나요?"
- "여러분의 전략은 무엇이었나요?"
- "그 전략이 효과적으로 전달되었나요?"

전략은 각각 다를 것이다. 어떤 모둠은 쉽게 문제를 해결하는 방법으로 사람들에게 번호를 매겨서 같은 사람 수로 한 면을 만들기도 한다. 예를 들어 20명이 게임을 했을 때, 1번부터 순서대로 번호를 매긴 다음에 1번부터 5번까지 한 면, 6번부터 10번까지 한 면, 11번부터 15번까지 한 면, 마지막 16번부터 20번까지 한 면이 되도록 한다. 그러면 모든 면이 엇비슷한 직사각형이 될 수 있다. 또 다른 모둠은 더 발전된 방법으로 사각형의 꼭짓점을 맡을 사람을 선발하기도 한다. 아주 드물게 모둠 중의 일부가 다른 사람을 무시하고 작은 사각형을 만들기도 한다. 마지막 방법은 끈 전체를 이용해야 한다는 규칙에 어긋나는 것이지만 게임 마무리할 때 도움이 되는 비유가 될 수 있다. 그래서 굳이 막으려고 개입하지 않아도 된다.

사각형 만들기 게임은 게임을 진행하는 과정에서 어떻게 학습이 일어나는지를 탐색할 좋은 기회가 된다. 게임 초기에 일어난 일을 떠 올려 보자. 이때 일어날 것과 게임 마지막에 나타난 것과 비교해 보자. 어떻게 하면 모둠이 더 좋은 결과를 만들 수 있는지 논의해 보자.

자기 조직화 개념을 더 잘 이해하기 위해서 다음과 같은 질문을 던져 볼 수 있다.

- "리더가 생겼나요? 해결책이 없다는 생각이 들었을 때 게임을 진행하기 어려웠나요? 리더는 이런 상황에서 어떤 것을 제시할 수 있을까요?"
- "리더가 있는 것과 없는 것이 모둠의 변화에 어떻게 영향을 미쳤나요?"
- "기후 변화 분야에서 학습이 어떻게 나타나나요? 예를 들어볼 수 있나요?"

보통 마지막 결과물은 생각한 것보다 훨씬 비뚤어진다. 이 게임을 기후 변화에 따른 피해를 피하려고 애쓰는 사회에서 흔히 볼 수 있는 현상과 연결해 보자. 이 게임은 서로를 살펴보지 않고 목표에 대해서만 의견을 말하는 상황을 나타내는 좋은 비유가 될 수 있다. 기후 변화 관련 일을 하는 조직과 커뮤니티에서 서로 소통하지 않으면서 목표만 외칠 때 발생하는 상황과 유사하다.

이 게임을 다양한 수준에서 기후 변화를 위한 집단 전략을 도출하고 공유된 문제를 해결하려는 노력에 연결해 보자. 기후 변화 맥락에서 다양한 사회의 변화가 요구될 텐데 이런 변화의 과정에서 각 집단은 어떤 성찰을 할까? 어떤 교훈을 얻을까?

18.
손가락 씨름 게임

인생은 제로섬 게임이 아니다.

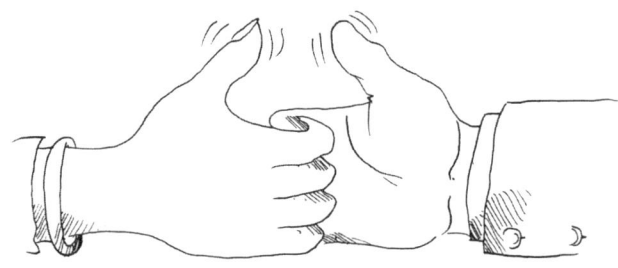

> **생각 열기**

우리는 정말로 어우러져 지내야 한다. 안 그러면, 장담하건대, 우리 모두 서로 동떨어지게 될 것이다.
- 벤저민 프랭클린, 발명가 이자 국회의원

인류를 구원할 유일한 방법은 협력이다.
- 버트런드 러셀, 철학자

경쟁에 매달리는 것은 평범한 사람들이 늘 사용하는 공식이다.
- 대니엘 버러스, 미래 기술 전문가

> **기후 변화와 연결하기**

지구촌 많은 사람은 대기로 방출되는 온실가스를 줄이는 것이 필요하다고 인식한다. 하지만, 공해 물질을 만드는 기업들은 온실가스를 줄일 때 단기적으로 피해 보는 사람들을 열거하면서 온실가스를 줄이기가 쉽지 않다고 주장한다. 온실 가스 배출량을 당장 줄일 수 없는 이유는 많다. 가난한 나라는 환경 오염의 주원인이 선진국이기 때문에 산업화 국가들이 온실가스를 더 많이 줄여야 한다고 주장한다. 개발 도상국은 화석연료 외에 에너지를 만들 기술을 요구한다. 부자 나라는 큰 변화를 위해 시간이 좀 더 필요하다고 말한다. 이러한 논의는 끝없이 이어질 수 있다.

다양한 환상이 우리 주위에 있다. 누군가가 이 문제를 해결하겠지라는 환상, 협력하고 희생을 나누는 것은 불필요하다는 환상, 다른 사람을 설득해서 온실가스를 줄이면 개인은 더 잘 살 수 있다는 환상. 최근 기후 변화 정상 회담이 효과를 거두지 못하는 이유는 경쟁 상황이라는 프레임 속에 정작 자신은 과감한 감축을 하지 않은 채 다른 국가가 노력해서 만들어진 혜택을 누리는 무임승차자가 있다고 주장하기 때문이다. 하지만, 이 게임을 통해 우리는 경쟁이 아니라 협력이 얼마나 효과적인지 경험할 수 있다.

게임에 대하여

정신 모델(mental model)을 말로 이야기하는 것과 행동으로 정신 모델을 보는 것은 다르다. 손가락 씨름 게임은 웃고 즐기는 흥겨운 분위기를 만든다. 이런 분위기에서 인생은 제로섬이라는 맹목적인 전제가 어떤 결과를 낳는지 보여준다. 사람들은 이 게임이 재미있어서 좋아하지만, 심각한 토론을 유도할 수도 있다.

게임 진행

- **인원**

  두 사람씩 짝 지어 할 수 있는 대규모 게임이다. 만약 나란히 앉은 사람 수가 홀수라면 마지막 남은 한 사람은 다른 두 사람과 동시에 게임을 해도 되고 몸을 돌려서 뒷줄 사람과도 게임을 할 수 있다. 또는 진행자가 게임에 참여하는 것도 가능하다.

- **소요 시간**

  10~20분

- **공간**

  보통 의자에 앉아 진행한다.

- **준비물**

  게임 정리할 때 사용할 마커펜과 종이

- **게임 준비**

  유일한 게임 준비는 짝을 만드는 일이다.

> 게임 하기

- 단계 1:

    참가자들에게 옆에 있는 자신의 파트너를 향해 몸을 돌리라고 요청한다. 참가자 수가 홀수라면 진행자가 게임에 참여하거나 한 사람이 자신의 양손을 이용해서 다른 두 사람과 동시에 게임을 할 수도 있다.

- 단계 2:

    진행자는 다음과 같이 말한다.

    "이제 손가락 씨름이라는 간단한 경쟁 게임을 할 겁니다. 앞으로 몇 분 동안 우리의 목표는 가능한 많은 점수를 따는 것입니다. 이 게임을 하는 동안에는 완벽하게 이기적으로 되는 것이 허용됩니다. 각자 최선을 다해서 목표를 달성하면 됩니다."

    게임 방식을 소개하기 위해 자원자 한 사람이 필요하다. 이왕이면 공격적으로 게임하는 사람이 좋다. 사전에 선발할 필요가 있다. 시범을 보여 줄 자원자가 나오면 진행자의 오른손과 자원자의 오른손을 깍지 낀다. 진행자는 다음과 같이 말한다.

    "이 게임을 하면서 여러분은 가능한 많은 점수를 따는 것이 목표인데 점수를 얻는 방법은 게임 파트너의 엄지손가락을 짧게 누르는 겁니다."

    이제 몇 초 동안 진행자는 자원자와 속임수도 쓰면서 애쓰면서 공격적으로 게임을 진행한다. 어느 순간 진행자가 상대방의 엄지손가락을 눌러서 이길 때가 있을 것이다. 이때 잠시 멈추고 사람들이 잘 볼 수 있도록 손을 들어 올린다. 진행자가 잡은 상대방의 엄지손가락을 언급하면서 다음과 같이 말한다.

"이럴 때 1점을 얻는 겁니다. 그런데 저는 더 많은 점수를 원하기 때문에 재빨리 엄지손가락을 풀고 신속하게 상대방의 엄지손가락을 다시 눌러야 합니다."

- 단계 3:

시범 게임이 끝나면 이렇게 말한다.

"제가 시작이라고 말하면 여러분은 15초 동안 게임을 할 겁니다. 각자가 자신의 점수를 매겨야 합니다. 정직하게 해야 합니다. 시작!"

이제 15초를 잰다. 정확한 시간의 길이는 중요하지 않다. 진행자는 대충 시간을 잴 수도 있고 정확하게 시간을 잴 수 있다. 시간이 되면 '그만!'이라고 말한다.

게임 정리

참가자들이 손가락 씨름을 마치면 이렇게 말한다.

"이제 우리가 한 일을 살펴보겠습니다. 점수가 3점 이상인 분은 손을 들어 주십시오."

참가자들이 반응할 시간을 준다. 아마 과반수가 손을 들 것이다.

"고맙습니다. 손을 내려 주십시오. 이제 6점 이상인 분은 손을 들어 주십시오."

참가자들이 반응할 시간을 준다.

"10점 이상인 분은 손을 들어 주십시오."

역시 잠시 멈춘다.

"15점 이상인 분, 20점 이상인 분…"

여전히 한두 사람이 연신 손을 든다면 직접 물어본다.

"도대체 몇 점을 얻었습니까?"

아마 20점에서 30점 사이 상당히 큰 점수일 것이다. 진행자는 참가자의 답변을 다른 사람이 들을 수 있게 반복해서 다시 말한다.

"잠시 일어나서 기술을 선보여 주십시오."

확실히 대부분은 서로 협력해서 게임을 했을 것이다. 재빨리 누를 수 있도록 번갈아 가면서 손을 갖다 대고, 누르고, 빼는 동작을 반복했을 것이다.

"고맙습니다. 자리에 앉아 주십시오."

자리에 앉을 때까지 잠시 기다린다. 그리고 말한다.

"협력하는 방식이 경쟁하는 방식보다 훨씬 더 많은 점수를 얻었습니다. 하지만, 대부분 사람은 자동으로 본인들이 경쟁해야 한다고 생각했을 겁니다. 제로섬 태도를 가졌기 때문입니다. '상대방이 많이 가지면 내가 덜 가진다'는 사고방식입니다. 사실, 이 상황은 윈-윈(win-win)하는 상황이었습니다. 둘 다 많은 점수를 따거나 둘 다 얼마 안 되는 점수를 따거나 하는 상황입니다. 이 게임이 기후 변화 협상과 어떤 점에서 비슷한가요? 어떻게 하면 기후 변화에 대한 논의 성격을 바꿔서 각 국가가 경쟁 대신에 협력할 수 있을까요?"

추가 10분을 할애해서 게임에 관해서 토론할 수 있다면 STUPID 점검표를 활용하면 좋다.

"여러분은 지적이고 사회적으로도 영향력이 있고 책임이 있는 분들입니다. 그런데 게임에서 여러분이 한 것처럼 작은 규모의 집단이 형편없는 전략을 채택했다면 분명 우리가 잘 모르는 숨겨진 구조적인 이유가 있을 겁니다. 그 구조를 살펴봅시다. 여러분을 자동으로 경쟁자로 행동하게 만든 요인이 뭘까요?"

1, 2분 정도 생각할 시간을 준다. 진행자는 마커펜을 들고 칠판, 화이트보드, 플립차트와 같은 쓸 것 옆에 서 있는다. 보통 누군가는 자원해서 몇 마디 할 것이다. 진행자의 역할은 참가자들이 다양한 요인을 끌어내도록 하는 것이다. 참가자들이 말하는 것을 진행자는 그럴듯하게 표현을 바꿔서 칠판에 세로로 써 간다. 참가자들이 발표한 내용을 6가지로 분류하는데 6가지 내용의 앞글자를 따면 STUPID(멍청이)가 된다. 각 글자의 뜻은 아래와 같다.

- Small goals 눈앞의 작은 목표
- Time pressures 시간 압박
- Uncooperative partner 비협조적인 파트너
- Poor vocabulary 원활하지 못한 소통
- Inadequate examples 부적절한 예시
- Dysfunctional norms 제 기능을 못 하는 규범

만약 참가자들의 발표 내용으로 각 분류가 채워지지 않는다면 진행자가 나머지를 채울 수 있다. 위 분류대로 목록을 완성하면 참가자들을 바라보면서 이 요인들이 손가락 씨름에만 적용되는 것이 아니라 기후 변화와 관련된 협상에서도 볼 수 있는 특징이라고 강조한다.

> "이런 조건에서 어떤 일을 하면 긍정적인 결과를 예상할 수 없습니다. 작은 목표에 연연하고, 시간 압박을 받으며, 협동심이 없고, 제대로 문제를 분석하지 못하며, 성공적인 사례를 못 찾고, 제 기능을 못 하는 사회 규범이 있는 한 아무리 똑똑한 사람도 나쁜 결정을 할 수 있습니다."

이제 펜으로 각 분류의 첫 글자만 포함되도록 세로로 큰 원을 그려서 모든 사람이 STUPID라고 알아챌 수 있게 눈치 준다.

이 6가지 요소는 우리가 하기에 따라 달라질 수 있다는 점을 강조한다. 그래서 자연스럽게 6가지 분류를 변형해서 어떻게 기후 변화에 적용할지 토론하도록 유도해 본다.

19. 이등변 삼각형 게임

큰 변화를 원한다면 지렛대 효과가 큰 것을 찾아야 한다.

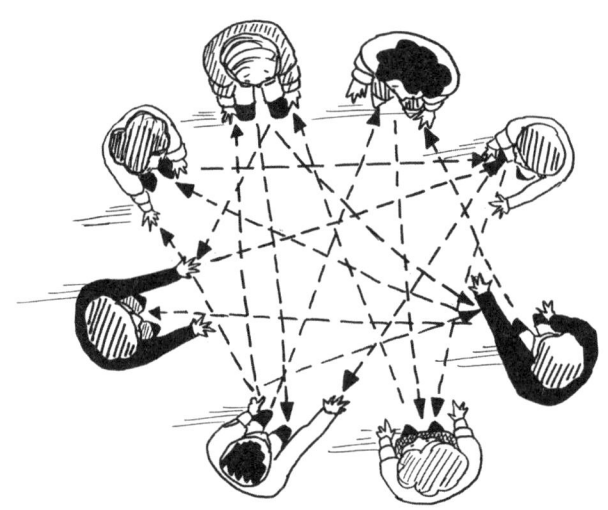

> 생각 열기

문제 해결을 위해 팀이나 개인 차원에서 할 수 있는 지렛대 효과가 큰 전략이 있다. 하지만, 가장 큰 지렛대 효과는 여러 가지 영향 요인을 종합적으로 이해할 때 나타난다.

– 피터 센게, 시스템 과학자

뭔가 하나만을 골라내려고 해도 우주 만물과 연결되어 있다는 것을
알게 된다.

― 존 뮤어, 자연주의자

우리가 영향을 준 것이 다시 우리에게 영향을 되돌려준다는 것을 강
조해서 알리는 것은 어렵다.

― 에릭 호퍼, 사회철학자

기후 변화와 연결하기

기후 변화는 대기에 온실가스가 쌓이면서 생긴 직·간접적인 결과다. 하지만, 온실가스 배출량을 줄이려고 노력하면 또 다른 반대 방향의 결과를 맞이하게 된다. 그래서 우리가 실행하고 있는 대부분 정책은 정작 줄이려고 애쓰는 온실가스 배출량에 그리 큰 영향을 미치지 못한다. 우리의 노력이 헛되지 않게 하려면, 우리가 원하는 방향으로 계속 변하게 하는 핵심 정책이 무엇인지 파악하는 능력이 필요하다.

게임에 대하여

대다수 사람은 지렛대 효과 개념을 쉽게 이해하지만, 정작 실 생활에서 지렛대 효과를 찾는 것을 힘들어한다. 이 게임을 통해 구조를 바꾸는 지렛대 효과를 구체적이고 쉽게 이해할 수 있다.

게임 진행

- **인원**

  모두가 참여하는 중간 규모의 게임이다. 한 모둠은 10명에서 40명이 가장 좋다. 40명을 초과하면 그룹을 나누는 것이 좋다.

- **소요 시간**

  20분~30분

- **공간**

  장애물이 없는 가로세로 9m 길이 사각형 모양의 공간으로 모든 참여자가 자유롭게 움직일 수 있는 공간이어야 한다.

- **준비물**

  없음

- **게임 준비**

  모든 참가자들이 서서 큰 원 하나를 만든다. 서로 다른 사람들을 볼 수 있어야 한다. 진행자는 원 안에서 진행한다.

게임 하기

- **단계 1:**

  진행자는 다음과 같이 말한다.

  "이 게임이 보여주는 것은 어떤 의사결정은 시스템 변화에 큰 영향을 미치는 지렛대 효과가 크지만, 어떤 의사결정은 지렛대 효과가 전혀 없어서 영향을 전혀 미치지 않는다는 것입니다. 여러분은 원 안에서 두 사람을 선택하시고 게임을 하는 내내 선택한 두 사람을 따라 움직여야 합니다.

첫 번째 사람은 xxx를 입고 있는 사람 중에서 선택하십시오."

진행자는 참가자들이 방 안에서 특정 한 사람만 선택할 수 있도록 그 사람의 특징을 잘 골라야 한다. 예를 들어 안경을 쓴 사람 중에서, 노란 바지를 입은 사람 중에서, 옷을 바지에 집어넣은 사람 중에서 등 다양한 예를 만들 수 있어야 한다. 이때, 지적받은 사람이 뭔가 문제 있다는 듯이 몰아가거나 당사자가 당황하지 않도록 조심해야 한다. 될 수 있으면 신체 부위 특징을 언급하지 말아야 한다. 옷은 보통 무난하다. 또한 행복하다는 등의 심리적인 특징은 명확하지 않기 때문에 피해야 한다. 보통 참가자들이 서로 이름을 모르기 때문에 이름으로 식별하게 하면 곤란하다. 즉, 사람 이름은 안 좋다. 다음 대본은 옷을 식별할 수 있는 특징으로 삼은 것이다.

진행자는 계속해서 이렇게 말한다.

"자기 자신을 선택해서는 안 됩니다. 그래서 만약 본인이 xxx를 입고 있다면 그냥 다른 사람을 선택하십시오. 두 번째 사람은 여러분이 자유롭게 선택하시면 됩니다. 다만, 여러분 자신을 선택해서는 안 되고 OOO을 착용하고 있는 사람을 선택해서는 안 됩니다. 즉, 여러분 자신과 OOO을 착용한 사람을 뺀 나머지에서 한 사람을 선택하면 됩니다."

진행자는 OOO을 착용한 사람 역시 모든 사람이 잘 확인할 수 있는 특징을 가진 사람으로 선택한다. 진행자가 지금까지 잘했다면 모든 사람이 선택한 첫 번째 기준이 되는 사람은 같은 사람이다. 물론 당사자 본인은 다른 사람을 선택했을 것이다. 뒤에 언급하겠지만, 이 첫 번째 사람은 '집단 전체 기준'이 된다. 그리고 아무도 선택하지 않은 사람이 있게 되는데 이 사람은 '외톨이 기준'이 된다.

• **단계 2:**

모든 사람이 두 번째 사람을 선택했으면 진행자는 다음과 같이 말한다. "제가 '시작'이라고 말하면 여러분은 이 공간에서 천천히 움직이면서 여러분이 선택한 두 사람과 여러분과의 거리가 같은 지점으로 이동하는 것입니다. 즉, 여러분이 꼭지점이 되어서 이등변 삼각형을 만드는 겁니다. 거리가 같으면 되기 때문에 멀리 떨어져 갈 수도 있고, 가깝게 다가갈 수도 있습니다. 하지만, 같은 거리가 될 때까지 동작을 멈추면 안 됩니다. 거리가 같아지면 동작을 멈춰야 합니다. 다시 말씀드리지만, 여러분이 선택한 사람이 한 사람이라도 움직이게 되면 여러분은 같은 거리를 유지하기 위해 다시 움직여야 합니다. 제가 '전부 동작 그만'이라고 말하면 동작을 멈추고 그대로 계시면 됩니다. 질문 있나요?"

진행자는 시범을 보여 주기 위해서 집단 전체 기준이 되는 사람과 다른 한 사람을 불러낸다. 진행자는 두 사람 사이에 선다. 두 사람 중 한 사람에게 1.5m 정도 떨어지라고 말한다. 그러면 진행자는 두 사람과 같은 거리가 되는 지점으로 이동한다. 한 번은 두 사람 가깝게 이동해서 같은 거리를 만들고 또 한 번은 두 사람에게서 멀리 이동해서 같은 거리를 만들어 본다. 이렇게 진행자가 두 사람과 같은 거리를 만들었으면 두 사람 중 한 사람에게 몇 발자국 이동하라고 한다. 한 사람이 이동하면 진행자가 만든 같은 거리가 틀어졌기 때문에 진행자는 같은 거리를 만들기 위해서 다시 이동한다. 질문을 받고 다음 단계로 넘어간다.

- 단계 3:

  시범을 보인 사람을 원래 위치로 돌아가게 한다. 진행자는 원 밖으로 나간다. 그리고 이렇게 말한다.

  "곧 첫 번째 게임을 하겠습니다. 저는 여러분이 선택한 사람과 같은 거리를 만들어 달라고 요청할 겁니다. 그러면 어떤 일이 일어날까요? 우리들은 계속 움직일까요? 결국 멈추게 될까요? 멈춘다면 멈출 때까지 얼마나 시간이 걸릴까요?"

  이 질문은 매우 중요하다. 질문할 때마다 잠시 멈춰서 생각할 시간을 준다. 누군가 대답을 하면 진행자는 재판관처럼 판단해서는 안 된다. 진행자는 사람들이 의견을 제시한 것에 대해서만 감사의 뜻을 표하면 된다. 핵심은 참가자들이 스스로 생각해서 시스템이 앞으로 어떻게 변할지를 생각하게 하는 것이다. 이렇게 해야 실제 일어나게 될 상황을 지켜볼 때 학습이 극대화되기 때문이다.

- 단계 4:

  참가자들이 생각할 시간을 잠시 준 다음에 진행자는 말한다.

  "이제 첫 번째 게임을 시작하겠습니다. 시~작!"

  어떤 일이 일어나는지 잘 관찰한다. 사람들은 자신이 있었던 위치에서 이동해서 모든 사람이 멈출 때까지 공간을 빙빙 돌면서 이동하게 될 것이다. 진행자가 참고 더 지켜봐야 한다. 균형 상태에 도달하기까지 생각보다 시간이 더 걸릴 수도 있다. 하지만, 참가자들은 보통 균형을 만들어 낸다. 만약 3분이 지나도 계속 움직인다면 좀 더 기다려보고 다음과 같이 말한다.

"모두 동작을 멈춰주십시오. 여러분 모두 선택한 분과 만족할 만한 거리를 만들어냈습니다."

이제 진행자는 앞으로 게임을 두 번 더 진행하면서 시스템 한 부분에서 만든 작은 변화가 한참 떨어진 곳에 영향을 미치는 모습을 설명하면서 지렛대 효과가 높은 상황과 낮은 상황을 설명한다.

- **단계 5:**

모두 원위치로 돌아가서 처음과 같이 큰 원을 만들라고 요청한다. 집단 전체 기준이 된 사람을 지목한다. 그리고 다음 단계 게임을 하는 도중에 진행자가 집단 전체 기준이 되는 사람을 멈추게 할 것이라고 말한다. 그러면 사람들은 하던대로 본인들이 선택한 두 사람과 같은 거리가 만들어질 때까지 이동해야 한다. 과연 어떤 일이 일어나게 될지 질문한다. 그리고 생각할 시간을 준다. 청중의 대답에 대해서 판단하지 말아야 한다. 사람들이 의견을 제시한 것이 마무리되면 진행자는 다음과 같이 말한다.

"그럼 직접 확인해 볼까요?"

그리고 말한다.

"두 번째 게임 시~작!"

진행자는 게임이 시작하자마자 얼마 안 지나서 바로 집단 전체 기준이 되는 사람의 어깨에 손을 살짝 얹어 놓으면서 멈추게 한다. 보통은 나머지 사람들도 매우 빠른 속도로 멈추게 된다. 모든 사람들에게 다시 원위치로 돌아가서 원을 만들어 달라고 요청한다. 그리고 어떤 일이 일어났는지 이야기를 나누도록 한다.

- **단계 6:**

  진행자는 외톨이 기준이 되는 사람을 지목하고 세 번째 게임을 설명한다. 진행자가 이 외톨이 기준이 되는 사람을 멈추게 하면 과연 모든 사람들이 멈추게 되는지, 멈춘다면 얼마나 빨리 멈추게 되는지 확인할 것이라고 말한다. 다른 사람들은 원래 규칙에 따라 움직여서 각자의 기준이 되는 사람과 같은 거리를 만들면 멈출 것이다. 진행자는 게임하기 전에 참가자들에게 진행자의 간섭이 어떤 변화를 만들게 될지 물어본다. 생각할 시간을 잠시 주고 진행자는 그 어떤 답변에 대해서도 판단하면 안 된다. 어느 정도 참석자들이 의견을 말했다면 다음과 같이 말하면서 정리한다.
  "이제 직접 눈으로 확인해 볼까요? 세 번째 게임을 시작하겠습니다. 시~작!"
  진행자는 바로 외톨이 기준이 되는 사람을 멈춘다. 진행자가 외톨이 기준이 되는 사람을 멈춘다고 나머지 사람들은 영향을 받지 않기 때문에 계속 움직일 것이다. 조금 시간이 지나면 나머지 사람들은 멈출 것이다. 모두 멈춘 다음에 게임을 시작할 때 만들었던 원을 다시 만든다. 그리고 어떤 일이 일어났고 왜 그랬는지를 물어본다. 세 번의 게임 중 두 번째는 지렛대 효과가 높은 정책이다. 진행자는 모든 사람에게 영향을 미치는 뭔가를 한 것이다. 세 번의 게임 중 마지막 게임은 지렛대 효과가 낮은 정책이다. 당신이 뭔가 바꿨지만, 시스템의 누구에게도 영향을 미치지 않았다.

게임 정리

진행자는 모두 자리에 앉도록 안내하고 각자의 생각, 느낌, 관찰한 것을 나누도록 한다. 사실 많은 대화와 생각의 교류는 이미 각 게임 전후에 있었다. 그래서 진행자는 시간을 많이 주지 말고 다음 예시한 것을 참고하여 요약 정리하는 질문을 던지는 것이 좋다.

- "이 게임에서 정책의 영향을 사람들이 움직임을 멈출 때까지의 시간으로 알 수 있습니다. 그러면 기후 변화에 따른 영향은 어떻게 알 수 있을까요?"
- "기후 변화에 대응하는 정책 중 지렛대 효과가 낮은 것은 어떤 것이 있을까요? 왜 그런 정책은 영향을 거의 미치지 않는 것일까요?"
- "지렛대 효과가 높은 정책을 위해서 정치인과 우리가 할 수 있는 것은 무엇인가요?"
- "게임에서 '집단 전체 기준'을 경험하셨습니다. 그렇다면 기후 변화와 관련해서 사회 전체에 영향을 미치는 '집단 전체 기준'은 무엇일까요? 우리 행동에 큰 영향을 미칠 수 있는 요인이면서 누구도 사용하지 않은 것은 무엇일까요?"

20.
저글링 도전 게임

조금씩 바꾸면 결국 개선이 된다.
하지만, 구조를 바꾸면 완전 다른 모습이 된다.

생각 열기

조금씩 바꾸는 노력으로는 고만고만한 수준을 넘을 수 없다.

— 파이살 고사, 내과 의사

뭔가 새로운 것을 원한다면 예전 행동을 하지 말아야 한다.

— 피터 드러커, 경영 컨설턴트

모험을 하지 않으면 축배를 들 수 없다.

– 러시아 속담

> **기후 변화와 연결하기**

기후 변화의 위기를 해결하기 위해 다양한 활동을 하고 있고 이런 활동이 큰 영향을 줄 수 있다고 믿는다. 예를 들어 자동차 연비를 높이는 기술, 식량 생산에 화학 제품을 덜 사용하는 것, 에너지 효율이 낮은 전구를 교체하는 것, 쓰레기 재활용 같은 활동 등 다양한 활동이 있다. 몇몇은 문제 해결에 큰 영향을 미칠 수도 있을 것이다. 하지만, 대부분은 그렇지 않다. 시간이 없고 자원은 한계가 있기 때문에 가장 효과적인 정책을 찾아야 한다. 단어 선택도 중요한 역할을 할 수 있다. 대표적인 것이 '점진적인 개선'과 '구조 변화'인데 이 둘의 차이를 이해해야 한다.

예를 들어 자동차 연비를 높이는 기술은 점진적 개선에 해당한다. 반면, 구조 변화는 근로자의 집을 회사 근처로 옮기는 것이다. 연비를 높이면 같은 유류비로 몰 수 있는 대형차를 선호하게 될 수 있다. 그러면 결국 자동차 배기가스 총량은 달라지지 않게 된다. 반면, 회사 근처에 집이 있다면 자동차를 팔고 자전거를 사거나 걸어서 출퇴근할 가능성이 커진다. 이러면 자동차 배기가스 감소가 혁신적으로 이뤄진다. 산업계에서 점진적인 개선은 주로 포장 규격을 바꾸는 것을 의미한다면 구조 변화는 제품의 내용물을 완벽하게 재사용할 수 있는 부속품으로 대체하는 것을 의미한다.

> 게임에 대하여

이 게임은 지렛대 효과가 높은 정책과 낮은 정책이 어떻게 다른지를 보여준다. 참가자들은 이런 경험을 하게 된다.

- 점진적 개선과 구조 변화의 차이를 경험한다.
- 생각의 습관이 어떻게 행동으로 나타나는지를 관찰한다.
- 대안을 만드는 절차를 경험하고 돌이켜 본다.
- 기후 변화와 관련된 대안을 생각할 때 필요한 적절한 표현을 배운다.
- 팀 학습과 문제 해결에 대한 맹목적인 전체를 되짚어보고 좀 더 효과적으로 되도록 도와준다.

> 게임 진행

- **인원**

  인원이 적으면 모두가 할 수 있지만, 많으면 일부만 참여하는 게임으로 할 수 있다. 최소 6명에서 최대 20명이 필요하다. 최적 인원 수는 8명에서 12명 사이다.

- **소요 시간**

  20분~45분

- **공간**

  참가자들이 옆 사람과 여유 있게 어깨를 맞대고 설 수 있을 정도 원을 만들 수 있다면 실내외 구분 없이 할 수 있다.

- **준비물**

    던지고 받을 수 있는 안전한 물체 3개(예를 들어 쿠시볼(Koosh ball), 봉제 인형, 고무 인형 등이 있다. 테니스공은 잡기 어렵기 때문에 피해야 한다.)

- **게임 준비**

    준비된 던질 물체 3개를 손에 올려놓는다. 가능하면 처음에는 손에 하나만 올려놓고 다른 2개는 주머니나 가방에 숨긴다.

> 게임 하기

- **단계 1:**

    진행자를 포함해서 참가자들이 원을 만든다. 진행자는 한 사람 이상 지정해서 관찰자로 임명할 수 있다. 관찰자는 게임 단계별로 관찰하는 역할을 맡는다.

    준비된 물체(이하 '공'이라고 한다)를 보이고 첫 단계로 모든 사람이 한 번은 던지고 받도록 다음과 같은 패턴을 만든다. 진행자는 게임을 하는 사람들에게 양손을 앞으로 내밀어서 공을 잡고, 공을 잡은 다른 사람에게 던진 다음에는 손을 내리라고 한다. 이렇게 해야 공을 던질 때, 공을 잡아 본 사람에게 다시 공을 전달하지 않게 된다. 진행자는 게임 참가자들에게 누구로부터 공을 받았고 누구에게 공을 전달했는지를 기억하라고 말한다. 진행자부터 시작하는데 진행자는 바로 옆에 있는 사람 말고 멀리 떨어진 사람에게 공을 던진다. 이 게임은 전문가 수준으로 공 던지고 잡는 기술이 필요한 것이 아니기 때문에 공을 던질 때는 천천히 부드럽게 던져야 한다. 공을 던질 때 어깨 위에서 던지는 것보다는 허리 아래에서 위로 던지는 방식이 바람직하다.

• 단계 2:

공을 잡은 사람은 아직 공을 잡아 본 적이 없는 사람에게 공을 전달한다. 모든 사람이 공을 다루었으면 공을 진행자에게 전달한다. 공이 전달된 순서, 즉, 패턴이 만들어졌으면 순서대로 손가락으로 지목하면서 다시 기억을 되살린다. 진행자부터 시작해서 한 사람씩 자신의 공을 받을 사람을 지목한다. 모든 사람이 잘 기억할 수 있도록 몇 번 반복해도 된다. 모두 순서를 잘 익혔다면 진행자는 공을 다 꺼내서 3개의 공을 보인다. 그리고 앞으로 이 3개의 공을 차례대로 던질 것이라고 말한다.

• 단계 3:

전체에게 질문한다.

"우리가 만든 순서에 따라 이 3개의 공이 다 전달되려면 시간이 얼마나 걸릴까요?"

사람들이 의견을 말하기 전에 진행자는 2가지 규칙을 추가한다.

1. 모든 사람은 3개의 공을 한 번씩만 다뤄야 한다.
2. 각각의 공은 처음에 만든 순서에 따라 각자에게 전달되어야 한다.

참가자들이 좀 더 자세하게 설명해 달라고 하면 진행자는 위에 언급된 2가지 규칙을 반복해서 말한다. 그리고 참가자들이 규칙에 언급되지 않은 것을 추가해서 변형해도 되는지 물어보면 진행자는 여전히 위에 언급된 2가지 규칙만 반복해서 말한다. 그리고 과거에 이 게임을 해 본 경험이 있는 사람이 있는지 살펴보고 있다면 게임에 참여하되 비밀을 지켜 달라고 부탁한다.

- 단계 4:

디지털시계나 스마트 폰을 이용해서 시간을 재는 사람을 임명하고 3개 공을 정해진 순서에 따라 던진다. 3개 공이 다시 진행자에게 돌아오면 '그만'이라고 말한다. 그리고 얼마나 시간이 걸렸는지 확인한다. 시간이 얼마나 걸렸든지 간에 진행자는 게임 참가자에게 시간을 절반으로 줄일 수 있도록 도전해 달라고 부탁한다. 다른 곳에서는 시간을 절반으로 줄이는 것을 성공했다며 경쟁심을 부축일 수도 있다. 참가자들이 최선을 다해서 시간을 단축했다고 여겼을 때 게임을 마친다.

게임 정리

이 게임에서 경험할 수 있는 구조 변화는 두 개가 있을 수 있다. 물론, 점진적 개선은 다양하게 시도할 수 있다. 구조 변화는 목표를 달성하기 위해 시간을 엄청나게 줄이고, 점진적 변하는 큰 차이를 보이지 않을 것이다.

첫 번째로 할 수 있는 구조 변화는 원을 만든 사람들의 위치를 바꾸는 것이 될 수 있다. 공을 전달할 사람을 바로 옆에 있게 하면 공을 던지지 않고 단순히 옆으로 넘겨도 되기 때문에 공을 떨어뜨리는 경우도 확 줄어들고 시간도 엄청나게 줄어들 수 있다.

두 번째로 할 수 있는 구조 변화는 공을 던지지 않고 바닥에 두고 전달하는 것이 될 수 있다. 이 변화로 성과는 눈에 띄게 높아진다. 나머지 경우는 대부분 점진적 개선에 해당할 것이다. 하지만, 이런 점진적 개선 노력을 상대적으로 효과가 거의 없다.

저글링 도전 게임에서 사람들을 방해하는 것은 대부분 진행자가 언급한 규칙 이외에 더 많은 규칙이 있을 거라는 생각이다. 행동을 제한하게 만든 것은 무엇인가? 여기에서 스스로 행동을 제한하게 만든 것은 같은 방식을 고집한 것이 될 수 있다. 잠시 멈춰서 자신들의 생각을 되짚어보고, 다른 사람 생각에 귀를 기울이고, 다른 방식을 생각해 볼 수도 있었는데 말이다.

이 게임은 눈앞에 보인 작은 성공이 개인이나 집단 생각에 족쇄가 될 수 있다는 것을 보여준다.

- 목표를 정할 때 이 게임을 사용할 수 있다. "이 게임 목표와 비슷하게 떠 올릴 수 있는 다른 목표는 어떤 것이 있을까요? 기후 변화와 관련된 목표를 생각해 보면 지도자들은 이산화탄소 배출량을 줄이는 것과 같은 낮은 목표를 정할지도 모릅니다. 하지만, 이 게임에서 보셨듯이

지도자들이 조금 더 나은 목표를 제시했다면 조금 나아진 결과에만 만족할 겁니다. 반면에, 매우 도전적인 목표가 있다면 사람들은 혁신적인 해결책을 찾을 겁니다. 이 게임에서 경험한 것은 어떤 면에서 기후 변화를 둘러싼 문제와 비슷한가요?"

- "여러분의 조직에 점점 굳어지고 있는 압박 요인과 제한 요인은 어떤 것이 있을까요? 이런 압박 요인과 제한 요인 때문에 점진적인 개선만 신경 쓰고 혁신적인 구조 변화를 못하게 될 겁니다. 그리고 사고를 확장해 본다면 기후 변화와 관련해서 어떤 성공의 체험이 우리에게 압박 요인과 제한 요인이 되고 있을까요?" 조직에서 찾을 수 있는 제한 요인들은 자본력, 연구 개발 능력, 직원 수 등이 있을 수 있다.
- 진행자는 우리가 정보를 받아들이는 방식이 정보에 대한 전제를 만드는 것에 영향을 미칠 수 있다는 점을 강조할 수 있다. 이 게임에서 진행자는 게임을 시작할 때 공을 던졌다. 참가자들 역시 공을 던져야만 한다고 생각할 수 있다. 진행자가 소개한 두 가지 규칙에는 공을 던져야 한다는 내용이 없어도 여전히 공을 던져야 한다고 생각할 수 있다. 가장 빠른 시간을 기록한 방식은 공을 던지는 것이 아니라 공을 바닥에 두고 공을 전달하는 방식이다.
- 진행자는 청중에게 다음과 같이 질문한다. "기후 변화에 대한 정보가 전달되는 방식이 그 정보에 대한 숨어있는 전제에 영향을 주고 있나요? 어떤 영향을 미치고 있을까요?"

21.
실타래 거미집 게임

시스템을 잘 이해하려면 상호 연결성을 보이게 해야 한다.

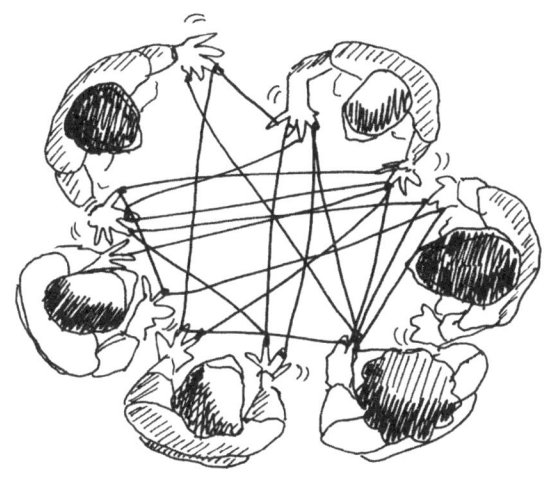

> 생각 열기

모든 사람은 도망갈 수 없는 상호작용의 네트워크에 갇혀있는 운명 공동체다. 한 사람에게 직접 영향을 미치면 모든 사람이 간접 영향을 받는다.

– 마틴 루터 킹 주니어, 시민운동 지도자

우리는 문제를 따로 놓고 생각해서는 안 된다. 대신 문제를 통합된 방식으로 다뤄야 한다. 현실에서는 문제들이 이런 식으로 일어나기 때문이다.

— 글렌 프리케트, 네이처 컨저번시 대외협력이사[25]

거미줄을 연결하면 사자도 잡을 수 있다.

— 에티오피아 속담

기후 변화와 연결하기

우리 행동을 다른 것과 분리해서 생각하기는 쉽다. 증가하는 인구를 위해 식량이 필요하면 더 많은 식량을 만들면 된다. 과연 그럴까? 식량을 위해 땅을 개간하면 이산화탄소를 흡수할 수 있는 숲과 습지가 줄어든다. 그 결과 온실가스농도는 높아지고 미래 농산물에 피해를 줄 것이다. 기후 변화의 특징은 행태 복잡성(behavioral complexity)[26]과 동적 복잡성(dynamic complexity)[27]이 높다는 것이다. 즉, 원인을 만들어내는 모습도 복잡하고 결과가 나타나는 모습도 시간과 장소를 달리해서 나타나기 때문에 전체적인 모습을 이해하고 원인과 결과에

---

25 Thomas L. Friedman, "Connecting Nature's Dots," *The New York Times*, August 22, 2009, WK8

26 행태 복잡성은 특정 주제에 대해 의사결정권자들의 정신 모델(mental model), 열망, 가치 등이 다양한 정도를 의미한다. 따라서, 행태 복잡성이 높다는 것은 의사결정에 영향을 미치는 요인이 매우 다양하다는 것을 의미한다.

27 다이내믹스 복잡성은 원인 결과가 바로 연결되지 않고 시간과 장소를 달리해서 나타난다는 것을 의미한다. 다이내믹 복잡성이 높다는 것은 원인에 따른 결과가 한참 뒤에 나타나거나 멀리 떨어진 장소에서 나타난다는 것을 의미 한다. 따라서, 문제를 인지했을 때 이 문제에 대한 원인을 바로 알아차리지 못한다.

대한 적절한 처방을 내려야 한다. 하지만, 대부분의 해결책은 기후 변화 시스템을 만드는 복잡하게 얽힌 상호작용 연결망을 다루지 못하고 일부분만 다루고 있다. 기후 변화 시스템이 거미집 같다고 하면 어디에서 시작해야 할까? 기후 변화 정책과 규제를 만들어야 하나? 일반 대중이나 특정 집단의 행동을 바꾸도록 동기 부여할 수 있는 소통전략을 짜야 하나? 지역이 감지하고 변할 수 있는 방향을 제시하는 지표를 개발해야 할까? 기업들과 소통해서 기후 변화에 적응하고 대응하는 투자 전략을 짜야 할까?

이 게임을 활용해서 사회 경제 정책의 상호작용과 변화를 추적할 수 있다. 물론, 이 게임을 활용해서 기후 변화의 물리학을 탐색할 수도 있다.

게임에 대하여

실타래 거미집 게임은 어떤 시스템이더라도 시스템 구성 요소들이 어떻게 연결되어 있는지를 보여준다. 참가자들이 게임을 하는 과정에서 시스템을 구체적으로 경험하는데, 물리적인 기후 시스템의 인과관계나 기후 변화를 막는 정책과 관련된 행태 시스템의 인과관계가 직선처럼 바로 연결된 것이 아니라 상호작용하는 모습이 원이나 거미집 모습을 닮은 네트워크 패턴처럼 연결된다는 것을 알게 된다. 대부분 이런 상호 연결된 모습을 볼 수 없어서 상상해야 한다. 실타래 거미집 게임은 이런 상호 연결된 복잡성을 눈으로 볼 수 있도록 해 주는데 이는 지구 온난화 문제로 확장할 수 있다. 아울러, 참가자들은 자신이

속한 조직이나 지역 사회처럼 더 큰 시스템 안에서 상호작용하며 의존하는 모습이 어떤 것인지를 이해할 수 있다[28].

> **게임 진행**

- **인원**

  일부 참여 게임으로 8명 정도가 좋다.

- **소요 시간**

  15분~30분. 인원에 따라 달라질 수 있다.

- **공간**

  참가자들이 옆 사람과 여유 있게 어깨를 맞대고 설 수 있을 정도 원을 만들 수 있어야 한다.

- **준비물**

  색깔이 있는 큰 실타래 (잘 풀어져야 한다.)

  플립 차트 또는 비슷한 크기의 쓸 종이

  포스트잇 또는 비슷한 접착력이 있는 노트 한 묶음 (인원이 많으면 큰 종이와 테이프가 필요하다.)

- **게임 준비**

  원을 만들고 한 사람에게 실타래를 건넨다.

---

28 이 게임은 아웃워드 바운드(Outward Bound) 회사의 게임 프로그램에서 착안했다.

> **게임 하기**

- 단계 1:

    진행자와 참가자들이 원을 만든 상태에서 기후 변화와 관련해서 다루고 싶은 주제를 하나 정한다. 이 게임은 기후 변화 때문에 농업을 어떻게 해야 할지 고민하는 사람들과 함께 할 수 있다. 이런 경우에는 기후 변화에 대한 농업의 적응 전략을 주제로 삼을 수 있을 것이다.

- 단계 2:

    주제를 정했으면, 해당 시스템과 관련된 변수를 뽑아본다. 언급된 변수들을 플립 차트에 적는다. 그리고 변수명을 하나씩 포스트잇에 다시 적는다. 인원이 많으면 잘 보일 수 있도록 큰 종이에 변수명을 하나씩 적는다. 농업의 적응을 주제로 한다면 다음과 같은 예를 생각할 수 있다.

    - 지구 온도
    - 이상 기후
    - 물 부족
    - 식량 공급
    - 수확량
    - 농업 인구
    - 식량 가격
    - 수출량

• 단계 3:

이름표처럼 변수를 적은 포스트잇이나 종이를 참가자들에게 준다. 또는 참가자들이 선택해도 좋다. 참가자 한 명당 하나의 변수를 갖는다. 실타래를 가진 사람부터 돌아가면서 자신의 변수를 말한다. 예를 들어 실타래를 가진 사람이 변수가 지구 온도라고 하면 '지구 온도'라고 말하면 된다.

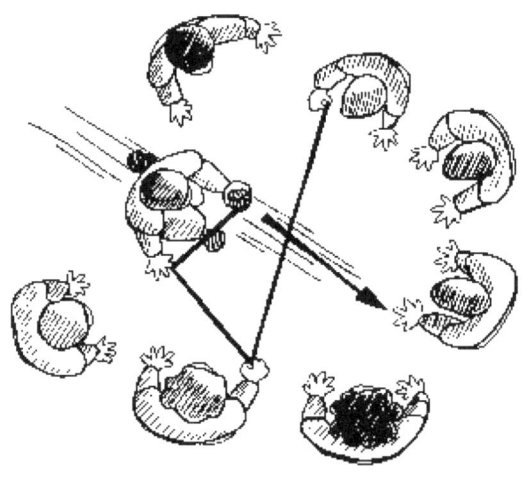

• 단계 4:

원을 만들고 있는 사람 중에 아무나 자신의 변수를 말하고 실타래를 가진 사람의 변수와 어떻게 관련이 있는지 말한다. 예를 들어 '이상 기후'를 가지고 있는 사람이 이렇게 말할 수 있다.

"지구 온도가 올라가면 이상 기후는 더욱 심해질 것입니다."

그러면, '이상 기후' 변수를 가지고 있는 사람은 실타래를 가지고 있는 첫 번째 사람으로부터 실타래를 건네받는다. 이때 첫 번째 사람은 실타래 끝을 잡는다. 그러면 자연스럽게 첫 번째 사람과 두 번째 사람은 풀어진 실로 이어진다. 실타래를 건네줄 때는 원에서 떨어질 수 있지만, 실타래를 건넨 다음에는 원래 위치로 돌아가야 한다.

그리고 세 번째 사람이 실타래를 가지고 있는 두 번째 사람(여기에서는 '이상 기후')과 자신과 관련이 있다는 것을 말한다. 예를 들어 세 번째 사람이 '수확량' 변수를 가진 사람이라면 이렇게 말할 수 있다.

"이상 기후가 점점 심해지면 수확량이 줄어듭니다."

그러면 같은 방식으로 두 번째 사람은 풀어진 실을 잡은 상태에서 실타래를 세 번째 사람에게 건넨다. 실타래를 건넨 다음에는 제자리로 돌아간다. 게임 진행 방식을 보면 실타래를 가진 사람이 실타래를 주는 것이 아니라 마치 다른 사람이 실타래를 달라는 방식이 된다. 그리고 얼마든지 실타래를 여러 번 받을 수 있다.

• 단계 5:

위와 같은 방식으로 계속 연결 고리를 찾아가면 실타래는 거미집처럼 복잡성이 증가한다. 진행자가 봤을 때 충분히 복잡하게 꼬여있다면 다음과 같이 질문한다. "무엇이 가장 중요한 관계인지 알 수 있나요?" 진행자는 참가자들에게 게임 정리를 위해 실타래 거미집 형체가 흐트러지지 않도록 그대로 바닥에 내려놓으라고 부탁한다. 그리고 참가자들에게 자리로 돌아가라고 말한다.

> 게임 정리

진행자는 실타래 거미집이 점점 복잡해지면서 참가자들이 하는 말에 신중하게 귀 기울이고 메모해야 한다. 게임을 마친 다음 사람들이 어떻게 생각하는지 물어본다.

- "어떤 변수가 가장 많이 연결되어 있나요? 무엇을 의미할까요?"
- "이런 관계를 파악하기 위해서 시간을 얼마나 길게 두고 생각해야 할까요? 우리가 만든 실타래 거미집을 보십시오. 생각보다 매우 긴 시간 지연 현상이 있지 않나요? 원인과 결과가, 행동과 그 행동의 결과가 바로 나타나지 않고 시간이 걸려서 나타나지 않나요? 얼마나 시간이 지연되어 나타났나요?"
- "이렇게 촘촘하게 연결된 시스템에서 우리는 어떤 행동을 해야 하나요?"
- "행동과 그 행동의 결과 또는 인과 관계에서 비선형 관계를 찾을 수 있나요? 비선형 관계는 평균 수준에서 조금 달라져도 아무 변화가 없는 것 같지만 조금 더 달라질 때 매우 큰 변화를 만드는 관계를 말합니다."
- "이 게임이 기후 변화에 따른 농산물 적응 전략을 생각하는 연구자와 의사 결정권자가 농산물을 둘러싼 시스템에 있는 상호 연결성과 복잡한 변화를 이해하는 데에 도움이 될까요? 어떻게 도움이 될까요?"

다음과 같은 도전적인 질문을 던져본다.

   "기후 변화가 진짜 문제인가요?"

질문을 다음과 같이 바꿔도 좋다.

   "기후 변화는 다른 문제의 결과라고 볼 수 있나요? 만약 그렇다면 진짜 문제는 무엇일까요?"

사람들은 경제 성장을 떠 올릴 수 있을 것이다. 얼마든지 다양한 생각을 유도할 수 있다. 브레인스토밍 방식으로 8개 이상의 진짜 문제들을 찾아보도록 하자. 예를 들어 인구수, 자원 소비량, 서식지 파괴, 쓰레기양, 토지 수용, 온실가스 배출량 등이 있을 수 있다. 게임에서 했던 것처럼 변수를 펼쳐 놓고 실타래로 계속 연결해 보면 기후 변화를 일으키는 복잡한 연결고리를 발견할 수 있다. 다음과 같은 질문이 마지막이 될 것이다.

   "우리가 만든 복잡한 세계를 보십시오. 근본적인 변화를 일으킬 수 있는 지렛대 효과가 높은 변수는 어떤 것인가요?"

22.
1-2-3 박수 게임

말보다 행동이 더 중요하다.

> 생각 열기

좋은 일을 하는 것은 고상한 행동이다. 다른 이에게 좋은 일을 하라고 말하는 것은 더 고상한 행동이다. 그리고 문제도 덜 일으킨다.

- 마크 트웨인, 유머 작가

여러 가지 의미로 해석할 수 있는 표현을 하면서 대중을 이해시키고 대중의 신뢰를 얻고 대중의 행동을 기대하는 것은 어불성설이다.

- 이안 크리스티, 녹색 연합(Green Alliance)

말이 아니라 행동으로 사람을 판단하기 마련이다.

- 러시아 속담

기후 변화와 연결하기

기후 변화 활동가들은 이구동성으로 최악의 기후 변화 피해를 피하기 위해서는 광범위한 행동 변화가 이뤄져야 한다고 주장한다. 소비, 정치, 여행, 여가 활동, 생산, 에너지 생산 등 다양한 분야가 변해야 한다는 것이다. 이런 변화는 아직 일어나지 않았다. 활동가들의 주장이 좀 더 효과적으로 전달되지 않으면 앞으로 변할 가능성은 희박하다. 기후 변화에 대응하는 행동을 촉구하려면 우선 말과 행동 사이의 관계를 잘 이해해야 한다.

게임에 대하여

이 게임은 모범적인 행동이 백 마디의 말보다 더 많은 영향을 미친다는 것을 보여준다. "말보다 행동이 더 중요하다."는 말과 같다.

이 게임은 상대적으로 짧게 끝난다. 그래서 워크숍을 시작할 때나 다른 행사의 정리용으로 활용하면 좋다. 이 게임이 강조하는 내용은 우리가 아무리 많이 배우고 무엇을 약속한다 한들 우리의 사회 체제와 조직 그리고 사회망은 남에게 뭔가 하라고 말 하는 것보다 우리가 하는 행동에 더 많은 영향을 받는다는 것이다.

이 게임을 활용한 사례가 있다. 태국 마히돌 대학(Mahidol University)의 치라폴 신투나와(Chirapol Sintunawa) 교수는 지속 가능 워크숍을 마치면서 참가자들이 집에 돌아가서 자신들이 보고 듣고 배우고 깨달은 것을 그저 다른 사람에게 말만 하는 것을 원하지 않았다. 그래서 이 1-2-3 박수 게임을 했고 게임을 마무리하면서 사람들에게 배운 것을 다른 사람에게 설교하지 말고 행동으로 보여주라고 당부했다. 치라폴 신투나와 교수는 행동이 훨씬 오래 영향을 미친다는 것을 알려준 것이다.

1-2-3 박수 게임을 연설 마지막에 활용할 수도 있다. 이럴 때는 빨리 진행하고 가볍게 정리하는 것이 중요하다. 그리고 참가자에게 게임을 진행하는 사람이 뭔가 술수를 쓴다는 인상을 주면 안 된다. 그래서 두 번 게임을 할 수도 있다. 그래서 사람들에게 충분히 속지 말라고 충분히 경고한다. 아마 그래도 잘못된 신호에 실수하는 사람이 있을 것이다. 즐겁게 웃으면서 게임을 마무리하면 된다. 진행자가 잘 이끌면 경고를 받아도 실수하고 즐겁게 웃으면서 게임을 즐길 수 있다. 하지만, 이 게임으로 참가자들은 매우 집중해서 말과 행동을 일치시키려고 노력할 것이다.

만일 이전에 이 게임을 경험한 사람이 있고 이 사람이 정확하게 행동한다면 게임의 효과는 매우 커진다.

게임 진행

- **인원**

  인원수에 상관없이 할 수 있는 대규모 게임이다. 최소 인원은 2명이고 최대 인원은 제한이 없다.

- **소요 시간**

  3분~10분

- **공간**

  모두 진행자를 볼 수 있는 열린 공간이면 된다. 보통 모두 자리에 앉아서 게임을 진행한다.

- **준비물**

  없음

- **게임 준비**

  없음

게임 하기

- **단계 1:**

  진행자는 참가자 모두에게 진행자가 잘 보이는지 확인한다.

- **단계 2:**

  진행자는 손뼉 치는 자세로 두 손을 앞으로 내밀고, 청중에게도 따라서 두 팔을 앞으로 내밀어 달라고 한다.
  다음과 같이 말한다.

"이제 저는 천천히 하나에서 셋까지 세고 '박수'라고 말할 겁니다. 제가 '박수'라고 말하면 여러분은 바로 박수 한 번을 쳐야 합니다. 그것도 말이 떨어지자마자 무섭게 동시에 말이죠."

이 게임 설명을 한 번 더 반복하면서 모두 잘 알아들었는지 그리고 진행자의 말에 집중하는지 확인한다. 이렇게 말할 수 있다.

"게임의 목표는 모두 동시에 손뼉을 치는 것입니다. 그러면 천둥 같은 소리로 한 번 울릴 것입니다. 이것이 의미하는 바는 우리가 모두 같은 일을 한다는 것입니다. 그리고 함께 했을 때 각자의 영향력을 더 크게 키울 수 있다는 겁니다."

이 대목에서 다시 한번 게임 설명을 한다.

"이제 저는 하나에서 셋까지 숫자를 말한 다음에 '박수'라고 말할 겁니다."

- 단계 3:

천천히 숫자를 센다.

"하나, 둘, 셋"

그리고 진행자는 손뼉을 크게 한 번 친 다음에 '박수'를 외친다.

진행자가 손뼉을 치면 대부분 '박수'라는 말을 듣기도 전에 손뼉을 칠 것이다. 이 상황을 충분히 인지할 수 있도록 시간을 준다. 그리고 다음과 같이 게임 정리 단계로 넘어간다.

> 게임 정리

1-2-3 박수 게임은 가볍고 빠른 게임이다. 이 게임의 시사점을 다양하게 끌어낼 수 있다. 이 게임을 통해 얻은 교훈이 어떤 것인지 발표하는 것도 재미있을 것이다. 발표를 들을 뒤에 진행자는 다음과 같이 정리해 본다.

"이 게임은 우리가 어떤 영향을 만들거나 변화를 촉진하려고 노력한 것과는 달리 실제 일어난 일에서 알 수 있는 비언어 소통의 중요성을 강조합니다. 사람들은 여러분이 한 말뿐만 아니라 여러분이 하는 행동도 지켜봅니다. 여러분이 하는 말과 주장이 정말 중요하게 영향력을 미치려면 여러분의 행동도 여러분이 하는 말과 일치해야 합니다. 매우 중요합니다. 꼭 명심하십시오."

다음 질문은 생각을 곱씹게 해 준다.

- 여러분의 주장을 여러분의 조직, 동료, 지역 사회가 혼란스럽게 받아들이지는 않았나요? 여러분의 행동이 다른 신호를 줬기 때문이 아닌가요? 과연 어떤 것들이 있을까요?

이 질문에 대한 답을 꼭 들을 필요는 없다. 하지만, 이 게임을 정리하면서 하는 토론이 기후 변화에 관한 개인의 행동에 집중하고 있다면 좀 더 생각할 시간을 주고 개인 이야기를 들어보는 것이 좋다. 대부분 사람이 실수한 채 게임을 끝내면 다소 실망스러운 분위기가 만들어질 수 있다. 그래서 여러 번 게임을 해서 게임의 목표를 달성할 수 있다는 희망을 품어보는 것이 좋다. 이렇게 할 수 있다면 사람들은 실수를 통해 학습한다는 것을 보여주는 것이고 큰 소리로 게임을 마칠 수 있다.

지은이 소개

데니스 메도즈

　뉴햄프셔 대학의 시스템 정책사회과학부 명예교수이며 정책사회과학연구소를 이끌었다. 2009년에 세계 평화와 지속 가능한 발전에 기여한 공을 인정받아 일본국제상(Japan Prize)을 수상한다. 십 여권의 저술 활동과 게임을 개발했고 전 세계 30개국 이상 언어로 번역되었다. MIT에서 박사 학위를 취득하고 교수로도 재직하였으며 1972년 성장의 한계(Limits to Growth) 저서의 집필 리더였다. 그는 지금까지 환경교육 분야에 기여한 공을 인정받아 4개의 명예박사 학위를 받았다.

린다 부스 스위니

　하버드 대학 교육학 박사로서 교육가, 연구자, 작가 활동을 하고 있다. 주 관심사는 모든 연령층을 대상으로 복잡계 시스템에 대한 이해를 바탕으로 학습, 의사결정과 디자인을 할 수 있도록 도와주는 활동을 하는 것이다. 아웃워드 바운드(Outward Bound), MIT 슬론 경영대학원, SEED(Schlumberger Excellence in Educational Development)와 활동했다. 시스템사고 플레이북(Systems Thinking Playbook)의 공동 저자이며, When a Butterfly Sneezes: A Guide for Helping

Kids Explore Interconnections in Our World through Favorite Stories와 Connected Wisdom: Living Stories about Living Systems를 저술했다. 이외 많은 학술 논문을 포함한 왕성한 저술 활동을 하고 있다. 미국 매사추세츠주 보스턴 외곽에 살고 있다. 보다 자세한 정보는 저자의 블로그를 참고 바란다.

Talking about Systems (www.lindaboothsweeney.net/blog)

질리언 마틴 메허스

20년 이상 국제 지속 가능 단체들과 학습 역량 개발 전문가로 활동했다. 지속 가능성과 관련된 주제에 관해 집단 학습을 촉진하는 전문 기관인 Bright Green Learning를 설립했다. 이 기관은 제네바에 있다. 국제자연보전연맹(IUCN)에서 학습과 리더십 분야 책임자였고 런던에 위치한 환경과개발리더십(LEAD, Leadership for Environment and Development) 국제조직 역량 개발 분야 이사를 역임했다. 전문 분야는 경험 기반의 창의적인 환경 학습, 쌍방형 학습 디자인, 다양한 이해관계자들과의 소통과 학습 역량 개발 촉진이다. 특히 다양한 문화 환경에서 일하는 재능이 특별한데 미국에서부터 잠비아에 이르기까지 50개 이상의 나라에서 피실리테이터와 트레이너 역할을 수행했다. 보다 자세한 정보는 저자의 블로그를 참고 바란다.

You Learn Someting (www.welearnsomething.org)

옮긴이 글

　원문의 의미를 살려서 번역하는 것은 새로운 책을 쓰는 것 못지 않게 고통스럽기 때문에 나는 번역하는 것만큼은 피하고 싶었다. 그리고 사회과학 분야 번역물을 볼 때마다 번역 수준에 실망해서 읽고 싶은 책을 항상 원서로 구매해서 읽었다. 이랬던 내가 이 책을 번역하기로 결심했다. 내가 내 발등을 찍는 격이다.

　이 책을 번역하기로 결심한 이유는 세 가지다. 그래서 어찌 보면 나에게 이 책은 운명과 같다. 첫 번째는 기후 변화, 두 번째는 저자인 데니스 메도즈, 마지막 세 번째 이유는 게임이다.

　내가 중고등 학생, 교사, 교감, 교장, 기업인, 연구자들에게 강의하면서 미래 변화를 언급할 때마다 두 가지 핵심 단어를 꺼낸다. 인공 지능과 기후 변화다. 인공 지능이 발전하는 속도와 기후 변화가 전개되는 속도의 속성이 같다. 복리 이자처럼 지금 변화가 그 다음에 일어날 변화에 영향을 미쳐서 조금 더 큰 변화를 일으킨다는 것이다. 시스템사고에서는 이런 구조를 강화 피드백이라고 부른다. 강화 피드백 구조가 왜 중요하냐면 지수 성장(exponential growth)을 보이기 때문이다. 지수 성장은 이 책의 저자인 데니스 메도즈가 연구 책임자로서 공동 집필했던 '성장의 한계(Limits to Growth)' 1972년 판 첫 장 제목이다. 이 '성장의 한계'는 첫 번째 로마클럽 보고서로 인정받았고 '지속 가능한 발전'이라는 개념을 처음 언급한 유엔 보고서 '우리 공동의 미래'(브룬트란트 보고서, 1987)에 영향을 미쳤으며 전 세계에 '지속 가능한 발전'이라는 개념을 알린 UN 리우 총회(1992) 결의에 영향을 미쳤다. 이 정도로 중요한 책에서 제일 먼저 강조한 것이 지수 증가이기 때문에 가볍게 넘겨봐서는 안 된다.

다음 그림은 전형적인 지수 증가 모습을 보여주고 있다. 어느 순간 급격하게 증가한다.

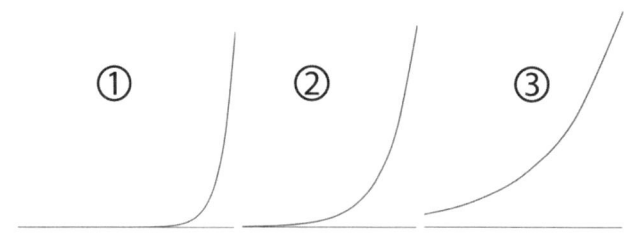

1번 그래프에서 눈여겨봐야 할 점은 급격하게 증가하기 전 단계다. 상대적으로 변화가 거의 없어 보이는 이 단계에서 앞으로 급격하게 증가할 것이라고 예상하기 쉽지 않다. 지금 느끼는 변화 속도와 패턴으로 변화가 일어날 것이라고 생각한다. 이것이 선형 사고(linear thinking)이다. 2번 그래프가 보여주는 변화는 1번 그래프보다는 덜 긴박하다. 큰 변화가 갑자기 일어나지만 그렇다고 1번 그래프처럼 엄청나게 변했다고는 볼 수 없다. 마지막 3번 그래프가 보여주는 변화는 관찰하고 있는 변화가 계속 일어나고 있는 모습이다. 따라서, 3번 그래프와 같은 변화를 보게 되면 앞으로 일어날 변화를 대비해야겠다는 각성과 마음의 준비를 하게 된다. 독자가 보기에 이 세 개의 그래프 중에서 가장 위험한 변화는 어떤 것인가? 우리 사회가 경험하고 있는 변화는 세 가지 그래프 중에 어떤 것일까? 각자의 판단에 맡길 문제지만 이 세 가지 그래프가 같은 구조라면 생각을 달리할 것이다. 그렇다. 이 세 가지 그래프는 같은 구조에 시간의 길이만 달리 한 것이다. 위 세 개 그래프는 모두 1부터 시작해서 매일 두 배씩 증가하는 모습을 그래프로 표현한 것이다. 1번 그래프는 30일 동안의 변화, 2번 그래프는 15일 동안의 변화, 3번 그래프는 7일 동안의 변화를 옮긴 것이다. 누구나 엑셀로 쉽게 그려볼 수 있다.

이 그림이 주는 시사점은 두 가지다.

하나는 미래 변화 예측을 잘 못해서 대비할 시기를 놓친다는 점이다. 1번, 2번, 3번 그래프의 마지막 세로축 값은 각각 약 5억 3천 6백만, 약 1만 6천, 64다. 2번 그래프와 같은 변화를 경험하고 있는 사람은 마지막 날(15일째)에 1에서 1만 6천까지 증가한 모습을 보고 놀라겠지만 앞으로 15일이 더 지나면 5억 3천 6백만이 된다는 것을 상상이나 할 수 있을까? 3번 그래프와 같은 변화를 경험하고 있는 사람은 마지막 날(7일째)에 1에서 64까지 증가한 것을 보고 놀라겠지만 30일째 되는 날에 5억이 넘는 수가 된다는 것을 상상이나 할 수 있을까? 자신이 경험한 방식 대로 미래가 펼쳐질 것이라고 생각하기 때문에 미래 예측은 실패할 수밖에 없다.

두 번째 시사점은 더 중요하다. 이런 지수 증가 변화를 보이는 구조는 우리 삶, 사회, 지구 도처에 있다는 것이다. 다만, 감지 못할 뿐이다. 위 그래프는 2배씩 증가하는 상황을 그렸다. 금융 거래에서 복리 이자를 거의 찾아볼 수 없는데 2배씩 증가하는 복리 이자는 있을 수 없다. 따라서 비현실적인 사례라고 받아들일 수 있다. 하지만, 2배씩 증가한다는 점과 복리 이자의 구조를 다시 들여다보면 세상 만물의 변화 이치가 다 거기에 있다는 것을 알 수 있다. 엑셀로 2배씩 증가하는 것을 재현하면 데이터가 길게 열거된다. 하지만, 패턴이 반복된다는 것에 주목해야 한다. 앞선 숫자가 뒤에 있는 숫자에 영향을 미치는 구조다. 반복되는 모습을 연결하면 정확하게 복리 이자 구조가 된다. 이자를 받으면 잔고가 증가한다. 다음번 이자를 받을 때는 늘어난 잔고가 기준이 되기 때문에 이자가 늘어난다. 늘어난 이자 때문에 잔고는 더욱 증가한다. 이자(원인) 때문에 잔고(결과)가 늘어났지만, 잔고(원인)가 늘어났기 때문에 이자(결과)가 늘어난다. 이렇게 순환(feedback)되면 원인과 결과의 경계가 없어진다. 이렇게 인과 관계가 한 방향이 아니라 비록 시간이 걸리지만 순환되어 돌아온다고 생각하는 것이 시스템사고의 핵심인 피드백 사고다. 여기서 말하는 피드백은 숙제 검사나 부하 직원이 보낸 서류를 검토하거나 코칭할 때 쓰는 피드백이 아니다. 인과 관계의 영향이 순환되는 것을 말한다. 독자가 관심 있어 하는 인과 관계가 시간이 걸리더라도 다시 돌아온다고 생각한다면 피드백 사고를 하는 것이다.

다시 2배씩(100%) 증가하는 비현실적인 상황으로 돌아가 보자. 위 그래프는 30일 동안의 변화를 보여주고 있다. 그런데 100% 증가가 아니라 50% 증가하는 것으로 상황을 바꾸고 30일에서 60일로 바꾸면 위 그림과 정확하게 일치한다. 100% 증가가 아니라 10% 증가하는 것으로 상황을 바꾸고 30일에서 300일로 늘리면 위 그림과 정확하게 일치한다. 100% 증가가 아니라 1% 증가하는 것으로 상황을 바꾸고 30일에서 3,000일로 늘리면 앞의 그래프와 정확하게 일치한다. 따라서, 시간의 길이만 다를 뿐이지 우리 삶 도처에 강화 피드백이 존재하며 이 강화 피드백이 작동하면 위 그래프와 같은 변화를 보게 된다.

우리 도처에 있는 강화 피드백 중에서 가장 위험하고 중요한 것이 환경과 기후 변화다. 피드백 시간의 길이가 매우 길기 때문이다. 환경 변화와 기후 변화를 지켜보는 우리의 태도는 위 그림 중에서 1번, 2번, 3번 어떤 것일까? 이 태도는 의사 결정 또는 행동에 영향을 미친다. 환경과 기후 변화 문제는 미래 세대에게 매우 중요하다. 그래서 올바른 문제의식과 적절한 의사결정을 하기 위해서 어린 학생 때부터 이런 구조의 특징을 잘 이해해야 한다. 그런데 이렇게 중요한 개념을 교실에서 가르쳐야 할 환경 교사가 너무 부족하다. 우리나라 전체 교원 수는 약 50만 명인데 환경 교사 모임에서 파악한 전국 환경 과목 전공 교사는 2019년 기준으로 31명이다. 시스템다이내믹스를 연구하고 교육하는 사람으로서 우리나라 환경 교육의 위기가 너무 안타까웠다. 이런 위기의식과 안타까움이 이 책을 번역하기로 결심한 첫 번째 이유다. 이 책에는 22개의 게임으로 시스템의 특징과 이를 바라보는 우리의 태도를 쉽게 풀어내고 있다. 아무쪼록 환경 교사 뿐만 아니라 모든 과목의 교사와 학생들을 만나는 강사들이 이 책을 십분 활용해서 환경 교육에 활용하기 바란다.

제1 저자 데니스 메도즈 교수를 처음 만난 것은 2003년 여름이었다. 당시 나는 박사 과정 학생으로 우연한 인연으로 대전에 있는 솔브리지 대학에서 한 과목 강의했었다. 여기에서 (사)한국시스템다이내믹스학회 학회장을 역임하셨던 안남성 교수를 만나게 됐고(안남성 교수는 현재 한국전력국제원자력대학원대학교(KINGS) 제3대 총장이다), 시스템다이내믹스에 관해 환담을 하던 중 교사 대상으로 2년에 한 번씩 미국에서 콘퍼런스가 있고, 바로 당해 여름에 개최한다는 소식을 접했다. 이때부터 내 인생이 전혀 생각지 못한 방향이지만 마치 정해진 길을 가는 것처럼 흘러가게 됐다. 이 행사를 계기로 박사 학위를 무사히 취득했고, (사)한국시스템다이내믹스학회 활동을 하게 되었으며 2017년부터 학회장으로 봉사하고 있다. 이처럼 귀신에 홀린 듯 사비를 털어서 보스턴까지 날아가서 이 행사에 참여한 것이 나에게 부흥회 같은 동기부여를 주었다. 이 행사에서 받은 감동은 이루 말할 수 없을 정도다. 교사를 대상으로 하는 행사인데 시스템다이내믹스 학문을 만든 제이 포레스터 교수, 성장의 한계 저자인 데니스 메도즈 교수, 시스템사고의 대가인 피터 센게에 이르기까지 교과서에서 봤던 별들을 모두 한 자리에서 만난 것이다. 이런 대가들이 교사들과 어울리면서 뭔가 하나라도 더 알려주려는 열정에 감동하지 않을 수 없었다. 백미가 데니스 메도즈였다. 범접하기 힘든 인상을 품어내는 석학이 교사들에게 아주 재미있는 게임을 전수해 주고 이 게임으로 시스템다이내믹스와 시스템사고의 정수를 가르쳐 줬다. 이때 받은 충격은 어마어마했다. 박사 과정에서 그렇게 머리 싸매고 어렵게 배운 학문을 이렇게 간단한 게임으로 쉽게 설명하다니. 물론, 학술 논문을 쓰는 연구자에게 필요한 지식의 폭과 깊이는 초중등 교육과정에서 학생들을 가르치는 교사에게 필요한 수준과 같을 수는 없다. 그런데 대가로부터 게임을 통해 시스템다이내믹스와 시스템사고의 핵심을 배우다 보니 박사 과정에서 진도 나가기 바쁘고 논문 쓰느라 바쁜 가운데 놓친 것이 무엇인지 명확해졌다. 이때 배운 게임을 지금까지도 사용한다. 그런데 그렇게 중요하고 재미있는 게임을 이 책에서 다시 만나게 되어서 너무 반가웠고, 아직 배우지 않은 게임도 있어서 흥분되었다.

　이 책은 기후 변화라는 주제를 게임을 통해 설명하는 책이지만 핵심은 시스템사고다. 기후 변화는 시스템사고를 통해서 제대로 이해할 수 있다. 그런데 시스템사고는 말 그대로 사고방식이기 때문에 논리적인 사고력과 태도가 연결되어 있다. 시스템을 해석하는 것 역시 마찬가지다. 시스템을 이해한 다음에는 바람직한 시스템으로 어떻게 만들지를 고민해야 한다. 시스템에 대한 태도가 시스템에 대한 이해 못지않게 중요한 이유다. 시스템다이내믹스와 시스템사고를 정립한 대가들이 세상을 향해 목 터져라 외치는 화두가 무엇인지 이 책에 잘 나와 있다. 그래서 이 책은 시스템다이내믹스와 시스템사고의 입문서로 손색이 없다. 이것이 이 책을 번역하기로 마음먹은 두 번째 이유다.

　이 책을 번역하기로 마음먹은 세 번째 이유는 게임 책이기 때문이다. 게임의 목적은 다양하지만 주로 관계를 개선하기 위해 게임을 사용한다. 예를 들어 노인을 위한 게임은 치매 예방뿐만 아니라 가족 관계를 복원하는 순기능 때문에 주목받고 있다. 하지만, 내가 집중하고 있는 게임의 목적은 성찰이다. 사람이 성찰할 수 있다면 이 성찰은 강력한 학습 동기 부여를 만들어준다. 문제는 혈기 왕성한 중고등 학생들을 어떻게 성찰하게 만드냐는 것이다. 학원 생활에 지친 심신을 달래려고 교실에서 '주무시는' 학생들을 어떻게 성찰하게 만드냐는 것이다. 하지만, 지난 4년 동안 내 교육 프로그램을 거친 3,000여 명의 학생들은 교실에서 살아 숨 쉬고 엄청난 집중을 보이면서 성찰했다. 이 책에는 없는 게임이지만 UN기후변화협상게임의 경우 쉬는 시간 없이 3시간을 진행한다. 자는 아이 한 명 없고 화장실 보내달라고 칭얼대는 학생 한 명 없었다. 다음 그림은 역자가 게임을 통해 교육하는 것을 정리한 게임성찰모형(GBR, Game-Based Reflection Model)이다.

이 모형에서 언급한 활동 게임은 소요시간이 긴 큰 게임이고 놀이는 작은 게임이다. 이 모형에서 주목해야 할 점은 성찰과 응용 단계에서 다시 성찰로 이어지는 연결 고리다. 이 두 가지가 역자가 교육 현장에서 얻은 놀라운 교훈이다. 두 가지 모두 시스템사고로 개발된 게임이기에 가능하다.

시스템사고 게임은 성찰을 위한 최고의 도구다. 그 이유는 시스템사고의 특징 때문이다. 시스템사고는 시스템 구조의 독특한 특징에 관한 사고다. 결국 성찰은 시스템 구조의 독특한 특징 때문에 발생한다. 시스템 구조는 복잡계로서 다양한 요인들이 상호 작용한다. 그런데 그 상호 작용하는 모습이 앞서 소개한 대로 서로 시간의 길이가 각기 다른 피드백으로 엮여있다. 이러면 누구도 완벽하게 이해하는 사람이 없게 된다. 교육과 관련해서 말할 수 있는 시스템 구조의 특징 첫 번째다. 이 첫 번째 특징이 왜 중요하냐면 정답이 없기 때문에 학생들의 모든 생각이 정답이 될 수 있기 때문이다. 자연스럽게 열린 사고를 하게 되고 내가 맞을 수 있듯이 네가 맞을 수도 있고, 네가 틀릴 수 있듯이 내가 틀릴 수 있다. 그래서 교실에서 자고 있었던 아이들은 맘껏 자기 생각을 말할 수 있게 된다. 상대방의 생각을 경청하고 자기 생각을 말한다. 그리고 서로 합의하는 과정을 거치면서 모둠 결과물을 만들어 낸다. 멀리 핀란드까지 안 가도 얼마든지 우리나라 교실에서도 볼 수 있는 풍경이다.

시스템 구조의 두 번째 특징은 반(反) 직관적인(counterintuitive) 모습이다. 지수 증가를 표현하고 있는 1번, 2번, 3번 그래프를 다시 돌아가 보자. 3번 그래프를 관찰하고 있는 사람에게 1번 그래프는 직관과 다른 모습이다. 현실 세계에서는 더 다양하게 관찰될 수 있다. 그 핵심은 각기 다른 시간의 길이가 있는 피드백이 연결되어 있기 때문이다. 이렇게 되면 각자 최선을 다했는데 결과가 안 좋게 되는 경우를 자주 접하게 된다. 이런 경우 보통 사람을 탓하게 된다. 남을 탓하거나 자신이 반성한다. 문제는 최선을 다했는데 이런 일이 발생했다는 것이다. 최선을 다해서 문제를 해결했는데 최종 단계에서 예상과 정반대 결과를 만나게 되면 당황하게 된다. 심한 경우는 서로 잘잘못을 따지면서 싸우는 경우도 발생한다. 하지만, 누구의 잘못도 아니고 시스템 구조의 문제이며 심지어 우리가 최선을 다했기 때문에 원치 않은 시스템 구조가 만들어진다는 것을 알게 된다. 이런 시스템 구조가 가진 특징 때문에 학생들은 뒤통수를 얻어맞는 듯 충격에 휩싸이고 이 충격은 성찰로 이어진다. 학생들은 너무 신기해했다. 그리고 호기심이 발동한다. 이후 교육은 순탄하게 진행된다.

  역자가 만든 게임성찰모형에서 두 번째로 주목해야 한 대목은 응용 단계에서 다시 성찰로 이어지는 연결 고리다. 이 순환 고리는 브루너의 나선형 교육 과정을 표현하고 싶었다. 똑같은 게임을 해도 학생들의 연령에 따라 성찰의 깊이와 적용하는 범위가 달라지기 때문이다. 시스템사고는 2015년 개정 교육과정에서 강조하고 있는 미래 핵심 역량을 함양하는 방향과 정확하게 일치한다. 교육부에서 발행한 2015 개정 교육과정 총론 해설서에서 핵심 개념을 다음과 같이 설명하고 있다. "교과가 기반하는 학문의 가장 기초적인 개념이나 원리를 포함하는 교과의 근본적인 아이디어다. 지식의 한 종류인 개념과 동의어는 아니며 교과를 가장 잘 대표하면서 교과의 큰 그림을 볼 수 있도록 돕는 아이디어, 즉 빅 아이디어의 성격을 띤다." 그리고 미래 사회가 요구하는 핵심역량 함양을 하기 위해서 핵심 개념을 중심으로 구조화하고 협력 학습, 토의, 토론 학습 등을 하도록 권하고 있다. 브루너가 강조한 지식의 구조화다. 이런 미래 교육이 게임과 함께하는 시스템사고에서 자연스럽게 일어나고 있다. 이 책이 소개한 22개의 게임은 기후 변화뿐만 아니라 다양한 시스템(복잡계)을 해석하는 데에 사용할 수 있다. 그리고 아무리 짧은 게임이라도 깊은 성찰을 유도할 수 있으며 시간이 흘러 다시 했을 때 또 다른 성찰을 하게 한다. 그 사이에 학생들의 지식이 달라지고 경험이 달라졌기 때문에 성찰한 내용을 적용할 분야와 깊이가 달라지는 것은 당연하다. 브루너식 나선형 교육 과정의 이상적인 모습을 멀리에서 찾지 않아도 된다. 우리나라 교육, 우리나라 교실에서 얼마든지 구현할 수 있다. 이 책이 기여할 수 있다고 믿는다.

  말머리에서 밝혔듯이 역자는 전문 번역가도 아니고 평소에 번역을 생각도 안 했던 내가 이 두려운 작업을 무사히 마칠 수 있었던 것은 많은 분이 함께했기 때문이다. 비록 대표 역자로 나의 이름만 등록되겠지만 이분들의 도움이 없었으면 불가능했기 때문에 공동 역자라고 말씀드리고 싶다. 의견을 취합하는 과정에서 상충하는 의견에 대해서는 역자가 결정할 수밖에 없었고 매끄럽게 연결하는 것 또한 역자의 몫이다. 따라서, 본 번역물에 대한 과오가 있다면 온전히 역자의 한계라고 말하고 싶다. 몇 달 동안 십시일반으로 도와준 분들을 기록에 남기기 위해서 성함과 당시 소속을 아래에 밝힌다.

고재욱(인천남동초), 권순형(한국교육개발원), 김길지(더함플러스협동조합), 김다현(능동고), 김동석(김정문 알로에), 김두환(인하대), 김민성(관인초), 김소희(기후변화센터), 김인재(의왕부곡초), 김지광(경희여고), 박근성(아시아퓨처스그룹), 손명선(가재울초), 신경일(삼괴중), 안재정(송내고), 유지혜(장기고), 이다혜(원초초), 이영이(교육공동체 북극곰), 이윤순(한국애니메이션고), 이윤희(매화초), 이준범(월촌초), 이지연(기후변화센터), 임영채(피플스노우), 장미화(충남서천군기후변화교육센터), 장영창(나사렛대), 장윤석(인공지능연구원), 전성호(참소나무행복학교), 정동혁(유한공고), 정애란(광교고), 정요한(세종고), 정철한(Cliff Capital Partners), 조현수(다산고), 한경희(번역가), 한학범(인수초), 황정혜(KT) 이렇게 여러 사람의 공이 들어간 이 책이 작게는 우리나라 환경 교육에 귀하게 사용되었으면 좋겠고, 더 욕심을 부린다면 우리나라 시스템사고 교육에 널리 활용되었으면 한다.

2019년 여름
정창권

옮긴이 소개

　스스로 시스템사고와 결혼한 사람이라고 밝히는 정창권 박사는 우리나라를 대표하는 시스템사고 교육자로 국외에서는 벤자민(Benjamin)으로 알려졌다. 고려대, 단국대, 이화여대 등 대학교에서 학부생과 대학원 학생들에게 시스템다이내믹스와 시스템사고를 강의하고 있으며 4년 동안 (사)한국시스템다이내믹스학회 학회장을 역임하였다. 삼성전자 경영지원본부, LG전자 R&D센터 등 국내 대기업과 한국보건사회연구원, 국립재난안전연구원 등 국책 연구원으로부터 강의 요청을 받고 있다. 한국해양수산개발원과 한국전자통신연구원 등 국책 연구기관들과도 시스템다이내믹스의 컴퓨터시뮬레이션 모델링 연구를 꾸준히 수행하고 있는 정창권 박사가 집중하는 영역은 유초중고 학생 대상으로 하는 시스템사고 교육이다. 현재까지 3,000여 명 이상의 학생들이 수업을 받았고 평교사에서부터 교감, 교장에 이르기까지 다양한 교원을 대상으로 시스템사고 직무 교육을 하고 있으며 교사들과 함께 융합 교육과정 개발도 하였다. 현재 세계시스템다이내믹스학회의 Pre-College SIG(Special Interest Group)에서 한국 대표로 전세계 14명으로 구성되어 있는 Leadership 팀에서 활동하고 있으며 기후 환경 분야의 세계적인 Think Tank인 Climate

Ineractive의 세계기후대사(Climate Ambassador)로서 시스템다이내믹스 모델링과 시스템사고 기반으로 만들어진 세계기후변화협상게임을 전파하고 있다. 세계기후대사는 전세계 12명이 있으며 한국에서는 정창권 박사가 유일하다.

　서울대학교 독일어 교육학과를 졸업하고 알토 대학(구, 헬싱키경제경영대학원)에서 국제디자인경영으로 MBA를 했으며 서울과학종합대학원대학교에서 경영학 박사를 취득했다. 직장 경력 15년 동안 아시아나항공을 거쳐 ㈜휴넷에서 11년 동안 임원 생활을 한 바 있다.

　정창권 박사의 비전은 한국을 넘어서 개발도상국에 시스템사고를 전파하는 것이다.

시스템사고와 함께하는
기후변화 플레이북

2판 1쇄 발행 2024년 1월 15일

지은이	데니스 메도즈, 린다 부스 스위니, 질리안 마틴 메허스
옮긴이	정창권
펴낸이	김주연
북디렉팅	엄재근
기획편집	그린팰스
디자인	M.S.G.

펴낸곳	지식플랫폼
주소	서울시 금천구 벚꽃로 286, 507호
등록번호	제2023-000049호
이메일	bookplatform@naver.com
팩스번호	02-6499-4370

ISBN 979-11-88910-83-0(03300)

책값은 뒷표지에 있습니다.
잘못된 책은 구입하신 서점에서 바꾸어 드립니다.
이 책은 저작권법에 의하여 보호를 받는 저작물이므로 무단 전재와 무단 복제를 금합니다.